Die Blumen des Propheten

Hans-Josef Fritschi

Die Blumen des Propheten

Khalil Gibran
Poesie & lebenskundliche Spagyrik

Bibliografische Information der Deutschen Nationalbibliothek: Die Deutsche Nationalbibliothek verzeichnet diese Publikation in der Deutschen Nationalbibliografie. Detaillierte bibliografische Daten sind im Internet unter http://dnb.d-nb.de abrufbar.

Impressum:
© 2015 Hans-Josef Fritschi
Herstellung und Verlag: BoD - Books on Demand, Norderstedt
ISBN 978-3-7392-0039-2
Textquelle Gibran: „The Collected Works", Everyman's Library, London.
Übertragung und Zusammenstellung: Hans-Josef Fritschi.

Wenn die Nacht beginnt sich in die Felder zu legen, schließt die Blume ihre Blütenblätter über ihrer Sehnsucht und schläft ein. Steigt aber das erste Licht über den Horizont, öffnet sie ihre Lippen dem Kuss der Sonne. Denn das Leben der Blume ist Sehnsucht und Erfüllung, eine Träne und ein Lächeln.

Khalil Gibran

Inhalt

Gedanken vorweg

Manches spricht dafür, dass sich die Welt im Umbruch befindet. Natur, Umwelt, Gesellschaft und Wirtschaft zeigen sich gleichermaßen labil und verunsichert. Alte Sicherheiten kommen ins Wanken, stabile Wetterlagen, Wirtschaftslagen und politische Lagen werden immer seltener. Erschütterungen der Erde führen zu atomaren Katastrophen, solche in unterdrückten Gesellschaften stürzen Regierungen nach dem Dominoeffekt. Ein kaum für möglich gehaltener Terror macht vor nichts Halt und treibt Millionen von Flüchtlingen ins Ungewisse. Die Klimakatastrophe steht offensichtlich kurz bevor: Im nächsten Jahrhundert werden Tokio und Singapur im Meer versinken und irgendwann macht das Erdmagnetfeld einen Polsprung – Weltuntergangsstimmung?

Labile Zeiten lösen stabile Zeiten ab. Das war schon immer so und ist an sich nicht ungewöhnlich. Neuen Entwicklungsstufen geht nicht selten eine Phase des Chaos voraus. Ein Blick in die Weltgeschichte bestätigt dies. So gesehen können die gegenwärtigen Irritationen, die uns auf allen Ebenen begegnen, Vorboten einer positiven Fortentwicklung sein. Wenn etwas Altes zu Ende geht und das Neue noch nicht zu fassen ist, dann ist es jedoch schwer, von der überall vorhandenen Verunsicherung nicht angesteckt zu werden. Vielleicht sollte man zumindest den Versuch unternehmen, zu klären, was sich da in Auflösung befindet und wie das Kommende aussehen könnte. Vom „New Age" und dem Wassermannzeitalter redet man schon lange. Meist wird damit eine Transformation der menschlichen Gesellschaft hin zu Frieden, Spiritualität und seelisch-geistiger Reife in Verbindung gebracht. Das Problem solcher Umschreibungen ist, dass sie oft im Blumigen und Unverbindlichen stecken bleiben. Eine nüchterne Analyse findet eher selten statt. Dabei wäre eine solche aber durchaus hilfreich.

Dass das materialistische Weltbild, welches die letzten Jahrhunderte herrschte, ins Wanken gerät, ist nicht zu übersehen. Zu offensichtlich sind die negativen Folgen, die sich aus der Vorherrschaft dieses Denkens ergeben haben. Gefahr droht dem Materialismus aber nicht von außen, z.B. von den Esoterikern. Sie kommt vielmehr von innen, von den Wissenschaften selbst - in erster Linie von der Physik. Seit Einstein, Heisenberg und Schrödinger ist die Welt der Physiker nicht mehr wie sie war – zumindest theoretisch. In den Reihen der Quantenphysiker geht man heute mittlerweile davon aus, dass sie ohne Philosophie die Welt nicht mehr erklären können. Plötzlich treten lange streng getrennte Bereiche der Wissenschaften in eine enge Beziehung: die Naturwissenschaft begegnet wieder der Geisteswissenschaft. Getrenntes nähert sich an, berührt sich schüchtern – und vereinigt sich vielleicht irgendwann zu dem, was es früher schon einmal war: zu einer universellen Wissenschaft.

Bei näherer Betrachtung lässt sich erkennen, dass das, was unsere Zeit so unruhig macht, eine Folge von Annäherungsprozessen ist. Einseitig Gewordenes droht in seinem Abgespaltetsein zu kollabieren. Alles Getrennte trägt in sich die Erfahrung einer vergangenen Einheit – und damit den inneren Drang nach Wiedervereinigung. Irgendwann erkennt jede Einseitigkeit, dass ihr etwas fehlt. Die einseitige Ausrichtung des Lebens ausschließlich auf die Materie, lässt immer mehr die Sehnsucht nach dem verlorenen Geistigen aufkeimen.

Im Kommunikationszeitalter ist deutlich die Tendenz zur Vernetzung auszumachen. Menschen schließen sich – wenn auch oft nur virtuell – zu Netzen und Gemeinschaften zusammen, arbeiten an gemeinsamen Projekten und formen Neues. So entstehen Organismen rein geistiger Natur, die in die Welt hineinwirken und sie nachhaltig prägen. Dies kann man als Tendenz des Umbruchs betrachten, die Isolation des Menschen und sein Verhaftetsein im Ego zu überwinden – selbst wenn diese Entwicklung noch viele Gefahren birgt.

Die Neigung, Getrenntes wieder zusammenzuführen, kann als eine Grundtendenz der gegenwärtigen Zeit angesehen werden – die wiederum Gegenprozesse auf den Plan ruft. Das Alte fühlt sich bedroht und schlägt zurück. Ohne Kampf zwischen Alt und Neu geht es in keiner Phase des Wandels. Er muss ausgehalten werden, will man das Neue erreichen.

„Denn wer den Frühling sucht, ohne den vorangegangenen Winter zu kennen, wird ihn niemals finden."

Dieser Satz stammt von Khalil Gibran, einem libanesisch-amerikanischen Dichter und Maler des frühen 20. Jahrhunderts, der weltweit bei einem Millionenpublikum berühmt wurde mit seinem Meisterwerk *„Der Prophet"*. Gibran steht mit seinem Leben und Werk für die Sehnsucht nach der verlorenen Einheit. Wie kaum ein anderer Künstler verknüpfte er östliches und westliches Denken und schuf daraus etwas gänzlich Neues - vielleicht sogar die Basis für eine kommende Weltsicht, die das Ganze in Natur und Mensch als Grundlage hat. Sein dichterisches Werk lässt ein solches neues Weltbild erahnen, wenn auch oft hinter poetischen Bildern verborgen.

Auch auf anderen Gebieten lassen sich Ideen finden, in denen die Verbindung von Getrenntem die Grundlage für praktisches Tun ist. Ein Beispiel hierfür ist die Alchemie, bei der eine Transformation angestrebt wird, indem Substanzen aufgespalten werden, um sich nach verschiedenen Reinigungsprozessen wieder zu einer neuen Einheit zu verbinden. Aus der Alchemie hat sich ihr medizinischer Zweig – die Spagyrik – in der biologisch ausgerichteten Medizin etabliert. Hierbei werden Arzneimittel mit Hilfe alchemistischer Labortechniken hergestellt mit der Idee, eine natürliche Ausgangssubstanz durch einen Verwandlungs- und Veredlungsprozess hindurchzuführen.

Dass gerade der Spagyrik – nachdem sie jahrzehntelang nur bei Eingeweihten bekannt war – in letzter Zeit ein großes Interesse entgegengebracht wird, mag mit dem schon beschriebenen „Geist der Umbruchphase" zusammenhängen. Auch wenn sie mitunter noch mit allerlei pseudo-esoterischem Ballast behaftet ist, dürfte diese alchemistische Medizin für die Neuformung einer „postmaterialistischen" Lebensweise von Bedeutung sein.

In diesem Buch wird nun erstmals eine Verbindung geschaffen zwischen poetischen Gedanken Khalil Gibrans und den Wirkungen spagyrischer Essenzen. Zitate aus *„Der Prophet"* und anderen Werken werden dabei mit entsprechenden Essenzen verknüpft und deren gemeinsame Impulsrichtung ausführlich beleuchtet. Damit soll ein ganz neuer Ansatz geschaffen werden, Menschen in ihrem Lebensprozess zu begleiten: durch die Verbindung von Poesie und Essenz.

Khalil Gibran

Khalil Gibran war ein Künstler der Philosophie und ein Philosoph der Künste. Immer, wo er auf Gegensätze und Trennungen traf, suchte er die verborgene Einheit, die alles verbindet und die der Urgrund alles Seienden ist. Sein ganzes Werk dreht sich um dieses Thema. Er studierte die arabische Literatur ebenso intensiv wie die westliche Philosophie. Er liebte den islamischen Sufismus und bekannte sich als maronitischer Christ zu Jesus von Nazareth. Er war ein mystischer Mensch und zugleich von der Wichtigkeit des wissenschaftlichen und technischen Fortschritts überzeugt.

Der gesamte Kosmos existiert in dir, und alles, was in dir ist, ist auch im Kosmos. Es gibt keine Grenze zwischen dir und einem Gegenstand, der ganz nahe bei dir ist, ebenso wie es keine Entfernung zwischen dir und weit entfernten Dingen gibt. Alles, das Kleinste und das Größte, das Niedrigste wie das Höchste, haben in dir ihren Raum. Jedes einzelne Atom enthält alle Elemente der Erde. Jede in dir aufsteigende Idee des Geistes fliegt auf den Schwingen der Gesetze allen Lebens. In einem einzigen Tropfen Wasser träumen die Geheimnisse aller Ozeane. Und wäre die Milchstraße nicht in dir, wie solltest du sie je gesehen und wie je erkannt haben?

Die Trennung zwischen den menschlichen Individuen war für ihn ebenso eine Illusion wie die zwischen dem Menschen und der Natur - und selbst dem Göttlichen. Stets war es Gibrans Bestreben, diese Erfahrung mitzuteilen und den Menschen für diese Art des Denkens die Augen zu öffnen. Oft genug stieß er dabei auf Unverständnis. Wohl war er seiner Zeit weit voraus.

1883 in Bischarri im Norden des Libanon geboren, kam Khalil Gibran als Zwölfjähriger zusammen mit seiner Familie nach Boston in die USA. Nach der Schulzeit zog es ihn für kurze Zeit in seine Heimat zurück, wo er Kunst, Sprachen und arabische Literatur studierte. Anschließend hielt er sich in Paris zum Studium von Kunst und europäischer Literatur auf. 1912 kam Gibran dauerhaft in die USA zurück und widmete sich ganz der Schriftstellerei und Malerei. Bis zu seinem Tod im Jahre 1931 erschienen mehrere Werke, die meist auch von Gibran selbst illustriert wurden. Mit dem 1923 veröffentlichten literarisch-spirituellen Text *„Der Prophet"* gelang ihm der Durchbruch. Das Werk wurde in zahlreiche Sprachen übersetzt und wird bis heute immer wieder neu aufgelegt.

Im Schatten dieses „Bestsellers" blieben die anderen Schriften Gibrans lange Zeit weniger beachtet. Die Gedanken in Werken wie *„Der Narr", „Eine Träne und ein Lächeln", „Der Vorbo-*

te" oder in der Aphorismensammlung *„Sand und Schaum"* kreisen in immer neuen Bildern um Gibrans Grundthema. Er selbst aber hielt zum Ende seines Lebens alles, was er schrieb, für „Geplapper". Letztlich erkannte er, dass die tiefen Erkenntnisse seiner Seele nicht in Worte zu fassen sind. Er hatte die Vision eines einzigen Wortes, das alle Geheimnisse der Welt und des Lebens als eine Art „Essenz" in sich trägt. Und er empfand sich lediglich in der Lage, den ersten Buchstaben dieses Wortes über seine Lippen gebracht zu haben.

Inzwischen sind rund 80 Jahre vergangen. Man könnte sagen, Gibrans Ideen hätten von ihrer Aktualität nichts eingebüßt. Richtiger ist wohl, dass sie aktueller sind als zu jener Zeit, als sie niedergeschrieben wurden. Anders als damals ist der Geist der Veränderung in vielen Menschen rund um den Globus gegenwärtig.

Khalil Gibran wartet nur darauf, für unsere Zeit neu entdeckt zu werden. Solange seine Texte jedoch nur für Segenssprüche, Hochzeitswünsche oder poetische Deko zu sonstigen emotional beladenen Feiern dienen, erfasst man wohl kaum die wahre Tiefe, aus der heraus sie niedergeschrieben wurden.

Spagyrik-Essenzen

Mit der Spagyrik verhält es sich ähnlich wie mit dem Werk Khalil Gibrans. Nicht nur, dass hier vergleichbare Ideen zu finden sind, auch der Spagyrik steht, wie den Texten Gibrans, eine Art „Neuentdeckung" bevor. Und wie mitunter ein tieferes Verständnis für die wahren Gedanken des Dichters fehlt, so wird heute noch nicht beachtet, dass die Spagyrik mehr ist als eine magische, okkulte und esoterische „Zauberkunst", deren Geheimnisse nur die Eingeweihten und wahren Adepten kennen.

Die Spagyrik kommt aus der Alchemie und hat ihre Wurzeln in einer Zeit, in der das magische Denken vorherrschte. Im Untergrund hat sie die Zeit der Aufklärung überlebt und gehört heute in den Bereich der komplementärmedizinischen Heilverfahren. Als solches ist sie sehr heterogen. Es gibt viele verschiedene spagyrische Heilsysteme, die sich im theoretischen Ansatz wie in der Herstellung oft deutlich unterscheiden. Allein das Homöopathische Arzneibuch, in das die Spagyrik eingegliedert wurde, kennt heute sechs verschiedene spagyrische Herstellungsmethoden. Eine davon dient der Gewinnung spagyrischer Essenzen aus Heilpflanzen, den „Spagyrik-Essenzen".

Im Gegensatz zu anderen spagyrischen Verfahren, die hauptsächlich zur Produktion von firmenspezifischen Komplexmitteln dienen, sind Spagyrik-Essenzen immer Einzelpräparate aus einer bestimmten Pflanze, vergleichbar den homöopathischen Einzelmitteln oder den Bach-Blütenmitteln. Sie können entweder in dieser Form einzeln, häufig aber auch individuell gemischt als Rezeptur angewandt werden. Spagyrik-Essenzen gibt es in der Regel als praktisches Mundspray, von dem mehrmals täglich zwei bis drei Sprühstöße in den Rachen gesprüht werden *(siehe auch: Hans-Josef Fritschi: Die Kraft des Phönix – Heilen mit spagyrischen Pflanzenessenzen)*.

Theorie und Praxis der Spagyrik-Essenzen sind etwas Besonderes. Hintergrund bilden die so genannten „philosophischen Prinzipien", die aus der alchemistischen Tradition stammen. Sie stellen immaterielle Qualitäten dar, die alles Materielle aufbauen und durchdringen. Die Spagyrik strebt an, durch bestimmte Laborprozesse diese Qualitäten aus einem Stoff herauszulösen, ihre materiellen Repräsentanten sodann zu „reinigen" und sie schließlich wieder zu einer neuen Einheit zusammenzufügen.

Das kann nach alchemistischer Überzeugung nur geschehen, indem die Substanz in eine Art Urmaterie, die „prima materia", zurückgeführt wird, in der potenziell alle denkbaren Möglichkeiten einer stofflichen Ausformung vorhanden sind. Von hier aus beginnt der Weg zu einer neuen Form – der Spagyrik-Essenz. Der Prozess führt von der Form ins „Unforme" und von dort in eine neue Form, die sich von der ersten qualitativ unterscheidet. Spagyrik-Essenzen sind also keine Pflanzenauszüge, sie sind transformierte Pflanzen. Der Prozess, der diesem Weg zugrunde liegt, ist der Weg des „Stirb und Werde" oder - alchemistisch ausgedrückt - des „Spao" (auflösen) und „Ageiro" (verbinden). Es geht somit um eine qualitative Weiterentwicklung, vergleichbar einem Evolutionsprozess. Voraussetzung dieses Prozesses ist die Rückführung in den Zustand des „All-Einen" der Urmaterie.

Das Verbundensein von allem mit allem, von dem Khalil Gibran poetisch spricht, erfährt die Pflanze im spagyrischen Prozess. Und aus dieser Erfahrung heraus bildet sie sich in Form einer Essenz neu. Dieses Neue bezieht sich auf den immateriellen Bereich der „philosophischen Prinzipien", welche auch die Grundlage bilden für Körper, Seele und Geist im Menschen. Spagyrik-Essenzen haben einen Transformationsprozess durchlaufen. Kommen sie mit dem Menschen in Kontakt, erhält er dadurch Impulse, ebenso Umwandlungsvorgänge in Gang zu setzen, um den Weg einer ganzheitlichen Fortentwicklung zu beschreiten.

Anders als in der traditionellen Spagyrik orientiert sich der theoretische Ansatz bei den Spagyrik-Essenzen nicht am alchemistischen Weltbild des Mittelalters oder an diffusen pseudoesoterischen Ansichten. Grundlage bildet vielmehr eine Verknüpfung von Naturphilosophie, Psychologie und Quantenphysik. Aus der Naturphilosophie stammen Beziehungen zu den philosophischen Prinzipien und der Elementenlehre, aus der Psychologie die Verknüpfung alchemistischer Ansichten mit Erkenntnissen z.B. von C.G. Jung und aus der Quantenphysik stammen rationale Erklärungsmodelle für die Verbindung von Natur und Mensch und die Wirkung der Essenzen auf ganzheitlicher Ebene.

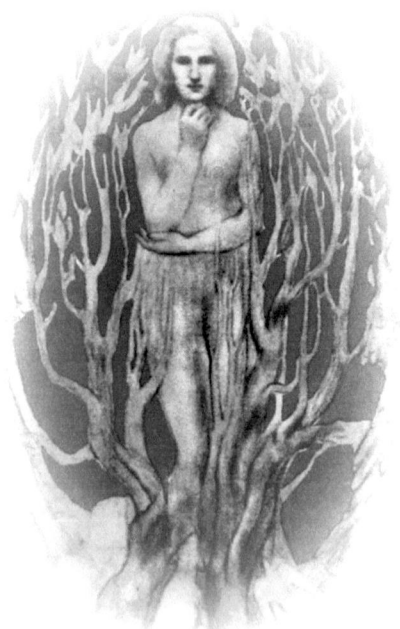

Im Samen, den die reife Dattel in ihrem Herzen umschließt, ist das Geheimnis der ganzen Palme verborgen, seit Anbeginn der Schöpfung.

Lebensthemen

Spagyrik-Essenzen werden meist aus Heilpflanzen hergestellt. Deren oft altbewährte
Einsatzgebiete in der naturheilkundlichen Therapie gelten auch für diese Essenzen. Daneben
werden aus der Signatur und der Symbolik
einer Pflanze Rückschlüsse auf tiefere Heilwir-
kungen gezogen. Gerade diesem Aspekt kommt
bei einer Anwendung von Spagyrik-Essenzen in
lebenskundlicher Hinsicht eine besondere Bedeutung zu.

Äußere Merkmale einer Pflanze in Form, Ge-
stalt und Wachstum geben Hinweise auf bestimmte immaterielle Wesensmerkmale, die
sich auch in anderen Bereichen der anorgani-
schen, organischen und auch menschlichen
Welt zeigen. So spiegelt sich z.B. in der Stachel-
und Dornbildung eine abwehrende und aggressive Grundidee. In diesem Sinne haben Disteln
und Zorn eine innere Verbindung – erkennbar
an der Signatur. Ähnlich verhält es sich mit der
Ebene der Symbole.

In einem Symbol verbindet der Mensch die
immaterielle Ebene, z.B. eine menschliche Ei-
genschaft, ein Lebensthema oder eine bestimmte Lebenssituation mit der materiellen Ebene,
z.B. einer Pflanze. Die Rose gilt seit jeher als
Zeichen von Liebe, Anmut und Schönheit. Diese
innere Verbindung ist durch das menschliche
Bewusstsein entstanden. Solche Symbolbildun-
gen sind bei manchen Pflanzen bis weit in die

Antike zurückzuverfolgen, bei anderen sind sie erst als Folge von kulturellen und religiösen Entwicklungen entstanden. Je länger eine symbolische Beziehung zwischen einer Pflanze und einer menschlichen Grundthematik besteht, desto tiefer und enger kann diese Verbindung sein.

Neben der Beachtung von Signatur und Symbolik bieten auch gezielte „Begegnungen" zwischen Mensch und Pflanze eine Möglichkeit, innere Verwandtschaften aufzudecken. Hierzu zählen z.b. die homöopathischen Arzneimittelprüfungen oder ähnliche Methoden in der Aromatherapie. Auch hiermit ist es dem Menschen möglich, zu bestimmten Pflanzen entsprechende Resonanzen zu erkennen.

Wenn man Spagyrik-Essenzen über den körperlichen Bereich hinaus einsetzen will, dann findet man in der Sprache der Signaturen, Symbole und Arzneibegegnungen eine Fülle von Hinweisen. Oft ergeben sich Verbindungen zu speziellen Themen, die jeden Menschen in seinem Leben auf die eine oder andere Art betreffen. Das sind grundlegende Lebensthemen, die dann von den Essenzen angesprochen werden. Ziel einer Anwendung ist es, dem Menschen Impulse zu neuen Einsichten zu vermitteln, die ihm helfen, das Lebensthema im Sinne einer persönlichen Weiterentwicklung zu bearbeiten.

Arbeit und Mühe

Die Erde gebar einen Traum und hat ihn euch überantwortet. Erkennt, dass ihr ein Teil dieses Traumes seid, wenn euer Alltag Arbeit und Mühe ist. Indem ihr die Mühsal bewusst auf euch nehmt, liebt ihr in Wahrheit das Leben.

All deine Arbeit ist leer, es sei denn, da ist Liebe in deinem Tun. In der Arbeit wird Liebe in die Welt geboren.

Es hilft deinem Leben mehr, in den Schwierigkeiten und Mühen des Alltags standhaft auszuhalten, als wenn du dich zurückziehst in das, was dir Sicherheit zu geben verspricht. Das Samenkorn, das die Kälte des Winters und das Wehen der Stürme nicht zu ertragen vermag, hat weder die Kraft, als Keimling die Erde aufzubrechen, noch sich als Blüte am Liebreiz und dem Zauber des Frühlings zu ergötzen.

Eleutherococcus

Wie sehen wir unsere Arbeit? Meist als Grund-
voraussetzung für Gelderwerb und materielle
Sicherheit. Wenn ich keine Arbeit habe, bin ich
vom Wohlwollen der Gesellschaft und des Staa-
tes abhängig. Auf kurz oder lang erzeugt das
Stress. Habe ich Arbeit, dann muss ich funktio-
nieren und allen Vorgaben – die meist nicht ich
gemacht habe - entsprechen, sonst droht der
Verlust der Arbeit. Auch das setzt unter Stress.
Im Hintergrund lauert immer Angst.

Wenn unsere Arbeitswelt so eng verknüpft ist
mit Stress und Angst, läuft etwas falsch. Dann
geht die Verknüpfung des täglichen Tuns mit
dem eigenen Lebenssinn verloren, weil Arbeit
ihre sinnstiftende Funktion verliert. Wer sich
immer häufiger fragt: *„Wofür arbeite ich eigentlich?"*, der sollte diese Frage sehr ernst nehmen
und sich ihr bewusst stellen.

Arbeit sollte Freude und Erfüllung bringen und
nicht Mühe und Last sein, so hört man oft sagen. Doch das ist für viele Menschen ein illuso-
risches Ziel. Die Wenigsten arbeiten in ihrem
Traumjob, den sie sich immer ersehnten. Der
biblische Fluch: *„Im Schweiße deines Angesich-
tes sollst du dein Brot essen"* lastet scheinbar
noch immer auf unseren Seelen. In jedem Leben rührt sich irgendwann der Impuls, aus einer gegenwärtigen Situation auszubrechen, die
lediglich belastet und keine Erfüllung bringt. In
solchen Phasen ist schon mancher Herzchirurg

zum Trucker geworden oder ein Banker zum Kunstmaler. Immer gibt es Zeiten des Umbruchs. Wer sie nutzen kann, der soll dem Ruf der Seele folgen und seine Berufung zum Beruf machen.

Solche Ratschläge klingen verlockend und werden deshalb auch immer wieder gegeben und ebenso gerne gehört. In manchen Fällen mögen sie genau das Richtige sein und dem Betreffenden zu seinem wahren Lebensglück verhelfen. Den meisten anderen Menschen aber bietet sich nicht so einfach die Möglichkeit eines Ausstiegs. Der alleinerziehenden Verkäuferin von nebenan, die ihre demente Mutter pflegt und alte Schulden abzuzahlen hat, wird der Traum vom sorgenfreien Leben als Modeschöpferin wohl für immer verwehrt bleiben. Wer Visionen – wenn auch gut gemeint – als Illusionen in die Herzen der Menschen streut, sät manchmal Disteln in ein Weizenfeld. Khalil Gibran lenkt unseren Blick auf einen ganz anderen Ansatz.

Er spricht von einem Traum, den das Leben am Anbeginn der Zeiten geboren hat und der sich verwirklichen soll. Ohne uns Menschen ist das aber nicht möglich. Wir müssen an seiner Realisierung mitarbeiten. All unsere Arbeit ist unmerklich mit diesem großen Traum des Lebens, der Erde, des Kosmos verbunden. Jedes Tun ist Teil an der Arbeit des „Großen Werkes": jeder Pinselstrich des Malers, jeder Hammerschlag des Zimmermanns, jeder Massagedruck der Physiotherapeutin, jedes Windelwechseln der Mutter. Wenn der Flügelschlag eines Schmetterlings in Australien einen Schneesturm in Alaska auslösen kann, warum soll dann nicht auch das Staubwischen einer heiteren Putzfrau in Frankfurt ein Lächeln auf das Gesicht einer Mutter im Kongo zaubern können, die ihr AIDS-krankes Kind im Arm hält. Nur im Bewusstsein der absoluten Notwendigkeit jedes noch so kleinen Tuns für das Verwirklichen eines großen Traums, kann Sinnhaftigkeit keimen, Freude wachsen und sich Erfüllung entfalten. Und das ist nichts Geringeres als Liebe.

Die Essenz Eleutherococcus (Taigawurzel) hilft nicht nur, Stress und Überforderung zu meistern, gibt nicht nur Kraft für den Alltag, erhöht nicht nur die Anpassungsfähigkeit für körperliche und seelische Belastungen aller Art. Als Spagyrik-Essenz regt sie vor allem dieses andere Denken an, das jeder Belastung, jeder Mühe, jedem Stress Sinnhaftigkeit gibt, damit durch die eigene Arbeit *„Liebe in die Welt geboren wird.“*

Freiheit

Überall sah ich Menschen auf die Knie fallen, um ihre Freiheit anzubeten wie Sklaven, die sich vor einem Tyrannen erniedrigen und ihn preisen, obwohl er sie schlägt.

Wirklich frei seid ihr nur, wenn ihr aufhört, von der Freiheit als Ziel und Erfüllung zu sprechen. Nicht wenn eure Tage frei von Sorge und eure Nächte frei von Kummer sind seid ihr schon frei. Erst dann werdet ihr es sein, wenn diese beiden euer Leben umklammern und ihr euch nackt und ungebunden über sie erhebt.

Ihr seid nicht in euerem Körper gefangen und nicht gebunden an Hab und Gut. Euer wahres Selbst wohnt über den Bergen und weht mit dem Wind. Es ist ein freies Geschöpf, das die ganze Erde umfängt und im Äther frei seine Bahnen zieht.

Citrus limon

Freiheit ist für uns alle von großer Bedeutung. Fast hat sie schon den Stellenwert der Gesundheit auf der Skala der wichtigsten Güter im Leben des Menschen erreicht. Das ist verständlich nach dem, was Menschen an Unfreiheit und Zwangsherrschaft erleiden mussten und noch immer erleiden. Wir Menschen in der „westlichen Welt" leben in Freiheit, und niemand möchte sein Leben hier mit einem in vielen Ländern Asiens oder Afrikas tauschen.

Da klingt es schwer verständlich, wenn Khalil Gibran davon spricht, wie Menschen ihre Freiheit sklavisch anbeten, obwohl diese sie im Grunde tyrannisiert. Kann ein Mensch Sklave der Freiheit sein? Ist das nicht ein Widerspruch in sich selbst? Gibran kannte die politische Unfreiheit in seinem Heimatland aus leidvollen Erfahrungen seiner Kindheit. Was er in seinen Texten meint, ist die Freiheit des Menschen im persönlichen Leben. In dieser Hinsicht können wir uns schon die Frage stellen, wie gut uns unsere Freiheit wirklich tut.

Man kann von Vielem frei sein: frei von Kummer und Sorgen, frei von Bevormundung und Zwang, frei von Pflicht und Verantwortung. Wird es aber je ein Leben ohne Sorge, Zwang und Verpflichtung geben? Ist es nicht eine Illusion, einem absoluten Freisein als Ziel und Erfüllung hinterherzujagen? Freiheit als Zustand, den man erreicht hat, ist statisch. Man richtet sich in ihr ein, betrachtet sie als gegeben an – und läuft Gefahr, ihren eigentlichen Wert nicht mehr wahrzunehmen. Wirkliche Freiheit ist dynamisch, ist ein stetiges Schwingen zwischen Kräften des Bindens und Kräften des Befreiens. Dies zu erkennen und zu akzeptieren, ist die Grundlage für die Erkenntnis der wahren Freiheit, die sich dem Prozess nicht ausgeliefert empfindet, sondern über ihm steht. Damit ist Freiheit mehr als nur ein Freisein von etwas. Vielmehr ist sie die Freiheit vom Verhaftetsein am Bedürfnis nach Ungebundenheit und Sorglosigkeit. Sich über die Zwänge und Belastungen des Lebens zu erheben, macht erst wirklich frei.

Freiheit steht oft in enger Verbindung mit Selbstbestimmung. Ein freies Leben ist immer auch ein selbstbestimmtes. Im selbstbestimmten Leben bestimmt das eigene Selbst darüber, wie das Leben gelebt wird. Für Khalil Gibran ist dieses Selbst immer ein „höheres Selbst", das mehr ist als nur die tiefste Tiefe der Psyche. Das „höhere Selbst" geht über die Person hinaus und schafft Verbindungen, die über Raum und Zeit hinausreichen. Dieses wahre Selbst ist immer frei und kennt keine Eingrenzung. Dies tief in sich zu erfahren, macht innerlich frei, auch wenn Sorgen, Zwänge und Pflichten den Alltag eingrenzen und hemmen. Die Freiheit, die wir in unserem Leben erleben, ist nicht immer eine Freiheit, die von unserem wahren

Selbst bestimmt wird. Nicht selten sind wir nur scheinbar frei und werden – während wir unsere vermeintlich grenzenlose Freiheit genießen – von äußeren Zwängen geleitet, die wir nicht erkennen und wahrnehmen können. Manchmal zwingt man uns dazu, in einer ganz bestimmten Weise frei und ungebunden zu sein, was letztlich doch nur wieder Abhängigkeit von Äußerem erzeugt. Die Freiheit, sich jeden Monat einen Shoppingflug nach London leisten zu können, sich stets das neueste Smartphon oder brandaktuellste iPad leisten zu können und gleichzeitig die Freiheit zu haben, bei zehn verschiedenen Discountern den Salatkopf zum jeweils niedrigsten Cent-Betrag zu kaufen, macht Freiheit zur verkappten Sklaverei.

Freiheit ist ein stetiges Wechselspiel zwischen Verpflichtung und Befreiung. Dies ist das Thema der Spagyrik-Essenz Citrus limon (Zitrone). Sie kann zur Erkenntnis verhelfen, dass nur der wahrhaft frei ist, der dieses Spiel beherrscht und es auch selbst in der Hand hat. So wird das Leben wirklich selbstbestimmt – weil das Selbst bestimmt.

Selbstwertgefühl

Wenn ihr eueren Weg geht, dann mit dem Antlitz der Sonne zugewandt. So können euch die Schattenbilder, die die Erde widerspiegelt, nicht zurückhalten. Wenn ihr reist, dann mit dem Wind. Welcher Wetterhahn hat die Macht, eueren Lauf zu bestimmen? Was solltet ihr schon fürchten, wenn ihr auf euerem Weg tanzt und dabei nicht über die Eisenketten eines anderen strauchelt? Und wer sollte euch richten, wenn ihr euere alten Kleider von euch werft, aber nicht auf den Weg eines Nachbarn?

In jedem von euch wohnt ein höheres Selbst. Es ist groß und weit wie der Ozean. Ewig und makellos. Euch an euerer kleinsten Tat zu messen heißt, die Kraft des Ozeans an der Zartheit seines Schaums bestimmten zu wollen. Nein, ihr seid so stark wie das stärkste Glied euerer Seelenkette.

Das, was ihr in euch als das Schwächste und Unsicherste empfindet, ist in Wirklichkeit euere wahre Stärke und euere größte Entschlossenheit.

Laurus nobilis

Als Susanne vor drei Jahren im seelischen Tief war, begannen auch ihre Gelenke zu schmerzen, die Verdauung spielte verrückt, die Haut wurde empfindlicher und sie war nur noch müde und erschöpft. Ihr Arzt meinte, das wären die Wechseljahre, doch sie selbst sprach davon, ihr Körper sei wie ein Spiegel ihrer Seele. Und diese Seele war geplagt von Gefühlen der Minderwertigkeit, der Unsicherheit und der Nutzlosigkeit.

Susanne war damals Anfang 50. Die Kinder hatten selbst schon Familien gegründet und ihr Ehemann lebte als Manager eines Großkonzerns mehr in den Hotels der weiten Welt als zuhause. Sie spürte schon eine Weile, wie das Leben an ihr vorbeiging, und dafür machte sie sich selbst verantwortlich. Andere hätten die Fähigkeit, das Leben aktiv und selbstbestimmt zu leben, sie aber könne nichts, habe nichts und sei abhängig vom Wohlwollen anderer. Während ihr Mann im Beruf hoch angesehen war und sehr viel Geld verdiente, Sohn und Tochter erfolgreich in die Arbeitswelt gestartet waren und dynamisch ihr eigenes Leben gestalteten, fühlte sich Susanne nur als eine Gefangene in einer Luxusvilla, deren einzige Erfüllung es war, den großen Garten in Schuss zu halten. Den erlernten Beruf hat sie nach vier Jahren gegen den der Hausfrau und Mutter eingetauscht, der sich nun in den der Hausverwalterin und Großmutter verwandelte. Solch ein

Leben mache keinen Spaß und bringe keine Erfüllung. Und daran sei letztlich ihre eigene Schwäche schuld.

Susanne hatte nicht nur ein schlechtes Bild von sich selbst, sondern auch ein vermindertes Selbstwertgefühl. Sie konnte sich selbst als Individuum nicht wertschätzen. Darunter litten ihre Selbstachtung und ihr Selbstvertrauen. Ein Psychologe konnte ihr in einer mehrwöchigen Therapie Schritt für Schritt weiterhelfen. Als wertvollste Hilfe empfand sie dabei, dass er es schaffte, ihren Blick vom vermeintlich schwachen Ich auf ein dahinter liegendes größeres Ich zu lenken. Dieses größere Ich sei wie eine Schale, in der das kleine Ich ruht und das diesem Sicherheit, Halt aber auch Kraft und Stärke gebe. Dabei gebrauchte der Psychologe das Bild einer großen Mutter, die ihr Kind liebend zwischen ihre Hände nimmt. Und er zeigte ihr eine Zeichnung von Khalil Gibran, die sie sofort ansprach und sehr berührte (s. Seite 23).

In seinen Texten fordert Gibran die Leser immer wieder dazu auf, in sich das größere Ich oder höhere Selbst zu suchen, und er verknüpft dieses mit mächtigen Symbolen aus der Natur: mit der Sonne, dem Wind, dem Meer. Jeder Mensch hat mit seinem höheren Selbst eine Verbindung zu einer überpersönlichen Sphäre, die Kraft und Stärke verleiht. Je ausgeprägter das Bewusstsein für diese Verbindung ist, desto stärker kann sich im Menschen sein Selbstwertgefühl entwickeln. Und trotzdem: Die Schwachheit des kleinen Ich wird immer wieder spürbar bleiben. Dadurch aber sich selbst abzuwerten, kann Menschen krank machen – auch körperlich, wie Susanne es erleben musste. Khalil Gibran sieht in all den Schwächen, die den Menschen plagen, auch Chancen. In ihnen, so seine Überzeugung, spiegelten sich nämlich die persönlichen Stärken. Wer also diese eigenen Stärken suchen und erkennen möchte, der sollte sich intensiv mit seinen Schwächen beschäftigen.

Mit der eigenen Stärke und Kraft als Grundlage für ein gesundes Selbstwertgefühl steht die Spagyrik-Essenz Laurus nobilis (Lorbeer) in einer symbolischen Verbindung, war doch der Lorbeerkranz schon in der Antike Zeichen von Sieg und Stärke. Die Essenz kann Menschen, die sich minderwertig fühlen und sich als Persönlichkeit nicht wertschätzen können, mit ihrer wahren und ganz eigenen Kraft und Stärke in Kontakt bringen.

Freundschaft

Euere Seele hat bestimmte Bedürfnisse. Und ein Freund ist eine Antwort auf diese Bedürfnisse. Er ist nicht dazu da, euere Leere zu füllen. Was bedeutet euch ein Freund, wenn ihr ihn nur aufsucht, um euch die Zeit zu vertreiben?

Lasst es nicht zu, dass Freundschaft einem anderen Zweck dient als der geistigen Vertiefung. Denn in Wahrheit ist der Freund ein Feld, in das ihr Liebe sät und in dem ihr Dankbarkeit erntet.

Eine freundschaftliche Liebe, die nur darauf aus ist, sich zu entblößen und sich selbst darzustellen, ist keine Liebe. Sie ist nicht mehr als ein ausgeworfenes Netz, in das sich nur Wertloses verfängt.

Jule ist happy. Soeben hat die Zahl ihrer Face-
book-Freunde die Marke von 100 überschrit-
ten. Sie ist so froh, dass sie es gleich allen mit-
teilen muss. Online versteht sich. Was macht
Jule so glücklich? So viele Freunde zu haben, ist
doch einfach nur geil, würde sie vielleicht la-
chend antworten. Jules Vater - Psychologe von
Beruf – sieht das möglicherweise etwas skepti-
scher.

Viele Freunde in einem sozialen Netzwerk zu
haben, hebt das Selbstwertgefühl. Je mehr
Freunde, desto mehr fühlt man sich bestätigt,
akzeptiert und anerkannt – analysiert der Vater. Sicher, Facebook & Co. sind virtuelle Netze,
aber sie können dazu dienen, einen Mangel in
der Realität des eigenen Lebens zu kompensie-
ren. Ist das aber Aufgabe einer Freundschaft?
Mittlerweile mehren sich die Stimmen, die die
Bezeichnung „Freund" in Online-Communitys
durch einen anderen ersetzt sehen möchten.
Khalil Gibran würde wohl auch zu ihnen gehö-
ren. Wirklich?

Für Gibran ist ein Freund jemand, der bestimmte Bedürfnisse der Seele stillt. Nur die Lange-
weile zu vertreiben oder die Zeit totzuschlagen,
ist ein Missbrauch der Freundschaft. Dahinter
mögen auch gewisse Bedürfnisse stecken, aber
wenn deren Befriedigung nicht zur eigenen
geistigen Vertiefung und zur Vertiefung der
gegenseitigen Beziehung führt, dann ist es in

Wirklichkeit keine Freundschaft. Jules Internetfreunde stärken ihr Bedürfnis nach Anerkennung und heben ihr Selbstwertgefühl. Und jeder einzelne ihrer Freunde wird durch Jules Freundschaft in seinem eigenen Selbstbewusstsein gestärkt. Was daran ist verwerflich? Jules Oma hat eine „gute Freundin", mit der sie regelmäßig zum Kaffeetrinken geht. Dabei reden sie nur über ihre Krankheiten, lästern über Nachbarn und öden sich in ihrer Negativität an. Was daran ist erbaulich?

Jule hat einen großen Freundeskreis (neben den 100 Facebook-Freunden). Was wäre, wenn sie außerhalb der Community keine realen Freunde hätte? Das wäre schlimm, und das Internet wäre nur ein billiger Ersatz für das reale Leben. Aber Jule kann sehr gut zwischen realen und virtuellen Freunden unterscheiden. Sie projiziert keine Bedürfnisse, die nur reale Freunde befriedigen können, auf jene von Facebook. Umgekehrt weiß sie aber auch, dass sie nicht alles, was ihrer Seele gut tut, nur von den Freunden in ihrer Realität erwarten kann. Für Jule ist das Thema Freundschaft entspannter als für ihre Großmutter – und ihr Vater sollte sich nicht allzu große Sorgen um sie machen.

Nichts desto trotz lauern „im Netz" aber auch Gefahren für das wahre Wesen von Freundschaft – und wie Gibran sagt, verfängt sich dort so manch Wertloses. Wenn sich bloße Selbstdarstellung als Freundschaft anbiedert, dann ist auch das ein Missbrauch von Freundschaft. Gerade das Internet bietet schier ungeahnte Möglichkeiten der Selbstdarstellung, die oft nur die Wahrheit in eine gewünschte Richtung verdrehen. Doch dies ist keine Besonderheit der Online-Welt. Falsche Freunde lauern überall, heute wie zu allen Zeiten. Da ist ein waches Auge gefragt, das einen unverschleierten Blick auf die Wirklichkeiten vor uns werfen kann.

Hier treffen wir auf die Symbolik und Signatur der Essenz Tilia (Linde). Der Lindenbaum war stets ein Symbol von Freundschaft und Zuneigung. Als Spagyrik-Essenz fördert Tilia die Bereitschaft zu wahrer und tiefer Freundschaft und emotionaler Bindung auf Basis gegenseitigen inneren Wachstums. Auf der körperlichen Seite hat Tila u.a. einen Bezug zum Auge und zum klaren Sehen. Hier zeigt sich die Fähigkeit, wahre von falschen Freunden zu unterscheiden, die oftmals aus eigennützigen Gründen versuchen, einem „Sand in die Augen zu streuen."

Liebe

Die Liebe singt: Ich bin das Auge des Liebenden, der Wein des Geistes und die Nahrung des Herzens. Ich bin eine Rose. In der Morgendämmerung öffne ich mein Herz dem Kuss der Jungfrau.

Deshalb: Wenn die Liebe dich ruft, dann folge ihr, selbst wenn ihre Wege hart und steil sein mögen. Und wenn ihre Flügel dich umfangen, so gib dich ihr hin, auch wenn das Schwert dich verwunden mag, das sie unter ihrem Gefieder verborgen hält.

Denn wie die Liebe dich krönt, so wird sie dich kreuzigen. Und wie sie dich entfaltet, so wird sie dich auch beschneiden.

Und die Liebe sagt: Dein Verlangen, das darin besteht, mich zu suchen, zu finden und zu beschützen, wird mein Verhalten bestimmen.

Rosa damascena

Das Überwinden von Einseitigkeiten im Denken und Fühlen zeigt sich bei Khalil Gibran bei kaum einem Lebensthema so radikal wie bei der Liebe. Auch dann, wenn er von ihr in romantischen und oft schwärmerischen Bildern spricht, schmückt er diese stets mit Symbolen der harten Realität. Da ist die Liebe nicht nur eine Rose, die ihr Herz dem Kuss der Jungfrau öffnet, da zückt sie auch ein Schwert, verletzt, beschneidet, ja kreuzigt gar. Wahre Dornenkronen werden aus Rosen geflochten …

Die Rose zeigt diese Ambivalenz wie keine andere Pflanze: einerseits der betörende Duft der schönen Blüte, andererseits die verletzenden Stacheln der Stängel – oft genug verborgen unter den Blättern wie das Schwert unter dem Gefieder in Gibrans Text.

Auch in der Liebe bedingen sich Glück und Schmerz gegenseitig. In dem einen liegt der Keim des anderen verborgen. Von der Liebe zu verlangen, dass sie nur glückliche Stunden beschert, heißt sie zu nötigen. Daher ist es immer ein Risiko, sich auf die Liebe einzulassen. Das gilt vor allem für ängstliche Menschen, die gerne jeder schmerzlichen Erfahrung aus dem Wege gehen möchten. Jeder, der sich auf die Liebe einlässt, muss sich auch auf die Gefahr der Enttäuschung und des Scheiterns einlassen und auf den damit verbundenen Schmerz.

Der Liebesschmerz gehört zu den kummervollsten Erfahrungen der Seele. Das mag daran liegen, dass die Liebe das vielleicht intensivste und tiefste Gefühl ist, dessen der Mensch fähig ist. In der Antike beschrieb der griechische Philosoph Empedokles Liebe und Streit als die beiden großen Grundkräfte im Kosmos, die das Werden und Vergehen alles Geschaffenen ausmachen. Während der Streit die Kraft des Trennenden repräsentiert, bewirkt die Liebe das Gegenteil, sie verbindet und vereint. An dieses naturphilosophische Modell knüpft schließlich ja auch die Spagyrik an und lenkt diese beiden Kräfte zur Herstellung alchemistischer Essenzen ganz gezielt in bestimmten Laborprozessen.

Liebe und Streit kennt jeder Mensch aus eigenem Erleben und kann das wechselseitige Spiel dieser polaren Kräfte persönlich als Glück oder Leid erfahren. Dabei drängt es ihn immer wieder hin zur Liebe. Im Gegensatz zum Streit sucht er sie bewusst und sehnt sich immer wieder danach. Denn nur in der Liebe kann der Mensch zumindest einen Hauch der verlorenen Einheit erfahren, aus der er einst herausgefallen ist. Deshalb ist Liebe auch weit mehr als nur die Anziehung zwischen zwei Menschen, auf die sie immer wieder reduziert wird. Alles, in dem sich ein Mensch mit einem Gegenüber tief innerlich verbindet, ist Liebe – wobei dieses Gegenüber sowohl ein Mensch als auch ein

Tier, ein Gegenstand oder auch eine Idee sein kann.

Khalil Gibran macht Mut, sich auf die Liebe einzulassen: *„Wenn die Liebe dich ruft, dann folge ihr"* – und sei dir stets der Stacheln bewusst, die an ihr haften. Aber er gibt auch etwas zu bedenken: Das Verlangen, mit dem der Mensch die Liebe sucht und sie beschützt, hat unweigerlich Auswirkungen auf die Art, wie sie sich diesem Menschen zeigen wird. So haben wir es ein Stück weit selbst in der Hand, wie wir die Liebe erleben. Je inniger unser Verlangen nach ihr ist, je ehrlicher wir nach ihr streben und je wehrhafter wir sie beschützen, desto kraftvoller wird sie sich in uns entfalten können.

In der Spagyrik-Essenz Rosa damascena (Damaszener Rose) zeigt sich die tiefe Symbolik der Liebe mit ihrem beglückenden und leidvollen Aspekt sehr ausgeprägt. So kann sie dem Menschen helfen, sich der Liebe bedingungslos und ohne Angst zu öffnen und alle seelischen Erfahrungen, die sie mit sich bringt, anzunehmen.

Partnerschaft

Liebt euch, aber macht die Liebe nicht zu einer Fessel. Euere Liebe sei vielmehr wie ein wogendes Meer zwischen den Ufern euerer Seelen. Füllt einander die Gläser, aber trinkt nicht aus einem. Teilt das Brot miteinander, doch esst nicht vom selben Laib.

Singt und tanzt zusammen und freut euch, doch gewährt euch das Alleinsein. Denn wie die Saiten der Laute für sich alleine stehen, so ertönt von ihnen doch die gleiche Musik. Gebt euere Herzen, aber nicht in die Obhut des anderen.

Seid euch nah, aber nicht zu nah, denn auch die Säulen des Tempels stehen einzeln.

Und glaubt nicht, ihr könntet den Lauf der Liebe lenken. Es ist die Liebe, die euch leitet, wenn ihr euch ihrer als würdig erweist.

Solidago virgaurea

Aus Liebe heraus kann eine innige Partnerschaft zwischen zwei Menschen entstehen. Oft mündet sie in eine Ehe oder in eine Lebensgemeinschaft. Dabei entscheiden beide sich dafür, ihr Leben gemeinsam zu führen. Recht bald jedoch erfahren die Partner, dass das, nach dem sie sich zuvor sehnten (das Zusammenleben), auch Probleme mit sich bringen kann, auf die sie nur selten ausreichend vorbereitet sind. „Aus zwei mach eins" funktioniert auf zwischenmenschlicher Ebene nicht so einfach, wie manche sich das wünschen. Grund dafür ist, dass mit dem Aufbau einer Partnerschaft die Individualität der beteiligten Partner nicht verloren geht. Statt „aus zwei mach eins" müsste man sagen „aus zwei werden drei": ein Ich, ein Du, ein Wir.

Die Romantik in der Liebe ist ein schönes und wertvolles Gefühl. Sie kann das Zusammenwachsen auf seelischer Ebene sehr fördern. Das Romantische hat aber auch seine Schattenseiten. Probleme in der Partnerschaft entstehen nicht selten dadurch, dass das, in unserer Kultur tief verwurzelte, romantische Ideal der seelischen Verschmelzung von Ich und Du in der Liebe, mit der Realität des Alltags kollidiert. Wie sehr unsere Liebesvorstellungen von diesem Idealbild geprägt sind, zeigt unsere Sehnsucht nach dem Traumprinzen, der Traumprinzessin, der großen Liebe oder dem „Seelen-Du".

Das alles gibt es natürlich – aber eher als Ausnahme denn als Regel.

Khalil Gibran hat viel über die Liebe geschrieben, oft in einer sehr romantischen Poesie. Das Verschmelzen von Seelen war auch ihm ein wichtiges Ideal. Doch hat er eine klare Unterscheidung getroffen zwischen dem romantisch-ekstatischen Gefühlserlebnis und der auf Liebe aufbauenden Lebensgemeinschaft. Während beim einen das Ineinanderfließen sogleich Ziel als auch Sinn des Erlebten ist, braucht das andere immer wieder den Freiraum für Individualität. Zu erwarten, der Rausch des Verschmelzens könne zur tragfähigen Basis einer jahrelangen Beziehung werden, ist eine Illusion. Was er aber sein kann – ja eigentlich sein muss – ist, ein Zündfunke zu sein für die Lebendigkeit und die Intensität einer partnerschaftlichen Beziehung.

Von der Wichtigkeit des nötigen Freiraums für eine Partnerschaft spricht Khalil Gibran in verschiedenen Bildern und Metaphern. Am intensivsten ist wohl das des Meeres, das sich zwischen zwei Ufern ausbreitet und sie miteinander verbindet. Drei Dinge bilden eine Einheit: zwei Ufer und ein Meer. Am Meer haben beide Ufer Anteil und sind durch sein Wasser gleichzeitig verbunden und getrennt. Das Meer aber wird gespeist durch die Flüsse, die von beiden Ufern in es hineinmünden.

Diese Symbolik spiegelt sich in schöner Weise in der menschlichen wie tierischen Anatomie. Die beiden Nieren stehen getrennt voneinander, sind aber dennoch ein Paar. Von jeder Niere mündet ein Harnleiter in die Blase, die das Wasser aus beiden sammelt. Gemeinsam bilden die zwei Nieren und die Blase eine funktionelle Einheit. In der alten Medizin standen die Nieren symbolisch für Liebe und Partnerschaft, und noch heute sieht die psychosomatische Medizin Verbindungen von Nieren-Blasen-Beschwerden zu Störungen im Bereich partnerschaftlicher Beziehungen.

So verwundert es nicht, dass die Nieren-Blasen-Heilpflanze Solidago virgaurea (Goldrute) als Spagyrik-Essenz dem Menschen Impulse vermitteln kann, wie eine intensive Beziehung in Partnerschaft und Ehe aufgebaut werden kann, ohne dass der persönliche Freiraum jedes Einzelnen zu kurz kommt.

Sinnesfreuden

Euer Körper kennt seine Bedürfnisse und will nicht darum betrogen werden. Er ist die Harfe euerer Seele. An euch liegt es, ob ihr süße Klänge entströmen oder nur wirre Töne. Sagt mir, kann eine Sinnesfreude den Geist beleidigen? Vergeht sich die Nachtigall mit ihrem Lied an der Stille der Nacht oder beleidigt das Glühwürmchen mit seinem Licht das Strahlen der Sterne?

Wenn ihr euch eine Lust versagt, dann versteckt ihr damit nur das Verlangen in die dunklen Winkel eueres Wesens. Wisst ihr denn, ob das, was ihr euch heute verwehrt, nicht morgen wieder auf euch wartet?

Macht die Sinnesfreuden zu einem Lied der inneren Freiheit. Aus vollem Herzen sollt ihr es singen. Aber achtet darauf, dass ihr euch nicht in ihm verliert.

Vanilla

Mit den sinnlichen Freuden ist es so eine Sache. Einerseits sind sie ein Grundbedürfnis des Menschen, andererseits haben sie vor dem Hintergrund von Tugend und Moral einen ziemlich schlechten Ruf. Das liegt daran, dass sie mit den „niederen Trieben" in Verbindung gebracht werden, gegen die es anzukämpfen gelte. So kennt der Katholizismus z.B. die Völlerei und die Wolllust als zwei der sieben Hauptlaster des Menschen.

Die hohe Kunst, das Verhaftetsein an den Trieben zu überwinden, ist die Askese. Im Sinne der traditionellen christlichen Moralvorstellung ist es daher erstrebenswert, ein enthaltsames Leben zu führen. So sei es Gottes Wille, und so käme man ihm am nächsten.

Khalil Gibran war ein gläubiger Christ. Aber er hat mit vielen Vorstellungen der christlichen Tradition gebrochen, besonders solchen, die den Menschen durch Gesetze und Vorschriften daran hindern, sein eigenes Selbst zu entwickeln. Dazu zählt er auch überkommene Moralvorstellungen in Bezug auf die Sinnesfreuden. Gibran war nicht der Meinung, die Freuden des Körpers hinderten den Menschen daran, zu Gott zu kommen. Weder der Genuss von Speise und Trank, noch die Ekstase in Tanz und Vergnügen, und auch nicht die erotische Freude in der Sexualität seien von Grunde auf negativ und verdammungswürdig. Erst wenn der

Mensch zum Sklaven dieser Freuden werde, sei er nicht mehr der Lenker seines Lebens, und die Freuden würden zum Laster.

„Macht die Sinnesfreuden zu einem Lied der inneren Freiheit".

Das ist nur möglich, wenn der Mensch Herr seiner Freuden ist. Dafür muss er sie kennen und ein gutes Verhältnis zu ihnen haben. Werden sie ausschließlich negativ bewertet und unterdrückt, dann ist die Gefahr viel größer, dass sie einen zum Sklaven machen. Ständig ist man dann bestrebt, sie zu bekämpfen und unter der Decke in Schach zu halten. Das gelingt nur den wenigsten – und ob sie das dann wirklich glücklich macht, kann zumindest in Frage gestellt werden. Was für schreckliche Folgen aus solch einer Unterdrückung entstehen können, ist uns allen bekannt.

Sich nicht zum Sklaven seiner sinnlichen Lüste machen zu lassen, ist allerdings nicht einfach. Triebe sind machtvolle Kräfte, und sie können immer ein Suchtpotenzial entwickeln. Das kann soweit gehen, dass sie ein ganzes Leben zerstören. Ein Lied der inneren Freiheit, das Gibran in den Sinnesfreuden erkennen will, ist das sicher nicht. Ohne eine gewisse seelische Festigkeit und Stärke ist es schwer, sich diesen Trieben offen zu zeigen und sie dennoch zu beherrschen.

Auch hier zeigt sich wieder das Ungesunde an Einseitigkeiten, die nach Gibrans Ansicht ja nichts anderes sind als Trennungen. Weder das asketische Ankämpfen gegen die leiblichen Lüste, noch das hedonistische sich in ihnen Verlieren, können dem Menschen wirklich helfen, das Thema der Sinnesfreuden so in sein Leben zu integrieren, dass sie sich für ihn aufbauend und nicht destruktiv auswirken.

„Wenn Fasten, dann Fasten, wenn Rebhuhn, dann Rebhuhn". Dieser Ausspruch der spanischen Mystikerin Teresa von Ávila spricht das dynamische Kreisen um die beiden Pole wohl am deutlichsten an und bietet eine praktische Richtschur dafür, wie das Lied der inneren Freiheit auf dem Instrument der sinnlichen Freuden gespielt werden kann.

Die Spagyrik-Essenz Vanilla (Vanille) steht in enger Verbindung mit dem Thema Genuss. Sie kann besonders für jene Menschen hilfreich sein, die ein negatives Verhältnis zu ihrer Leiblichkeit haben und daher Sinnesfreuden grundsätzlich als schlecht und sündhaft ansehen. Vanilla kann eine Hilfe sein, um den emotionalen Panzer aufzubrechen und den Körper zur *„Harfe der Seele"* zu machen.

Selbsterkenntnis

Du bist ein Reisender, du bist ein Seefahrer. Und an jedem Tag kannst du eine neue Region in deiner Seele entdecken.

Aber du spielst lieber Versteck. Wenn du dich in meinem Herzen versteckst, ist es nicht schwierig, dich zu finden. Solltest du dich jedoch hinter deiner eigenen Maskerade verstecken, wäre es für jeden nutzlos, dich zu suchen.

Vielleicht magst du sagen: „Sollte ich mich wirklich selbst kennen, dann würde ich alle Menschen kennen." Lass dir aber gesagt sein: Nur wenn du alle Menschen suchst, wirst du dich selbst erkennen.

Galanga

Sich wahrhaft selbst zu erkennen, ist ein erstrebenswertes Ziel für wohl jeden Menschen. Viele psychologische Verfahren, ganzheitliche Heilmethoden und spirituelle Übungswege verlocken mit der Erkenntnis seiner selbst, wenn man sich nur an ihre Heilsangebote hält. Scheinbar ist es bei vielen Menschen nicht weit her mit der Selbsterkenntnis, dass sie einer solchen Unterstützung bedürfen. Da fragt es sich, weshalb wir uns oft selbst so fremd vorkommen und weite Bereiche unserer Seele als ein unentdecktes Land erscheinen.

Khalil Gibran macht auf zwei wesentliche Gründe aufmerksam: Zum einen auf das bewusste oder unbewusste Maskenspiel, das wir in unserem alltäglichen Leben betreiben, und auf die Illusion, sich nur dann selbst erkennen zu können, wenn man den Blick tief genug ins Innere hinein lenkt.

Dass Vieles in unserem Alltag eine Maskerade ist, wissen die meisten Menschen. Man spielt ein Spiel, schlüpft in eine Rolle und fühlt sich einigermaßen sicher darin. Denn jedes Maskenspiel gibt Schutz und Sicherheit: Schutz, sich keine Blöße zu geben und Sicherheit, dass das Publikum („die anderen") dieses Spiel akzeptieren, es wohlwollend mitmachen und vielleicht gar applaudieren. Manche Menschen spielen in ihrem Leben nicht nur *eine* solche

Maskerade sondern viele, in jeder Situation und in jeder Lebenslage eine andere.

Dass wir ohne solche Maskenspiele nicht auskommen, weiß die Psychologie seit langem. Das Problem sind nicht die Masken. Schwierigkeiten entstehen vielmehr dadurch, dass man Gefahr läuft, sich durch seine Masken zu definieren. Wenn ein Mensch nicht mehr unterscheiden kann, was an ihm und seinem Verhalten er selbst, und was nur Maskerade ist, führt das in eine Selbstentfremdung. Dann wird es immer häufiger Tage geben, an denen man morgens aufsteht, verwundert in den Spiegel schaut und sich fragt, wer das wohl wirklich ist, der einen da so fragend in die Augen schaut ...

Sicherlich ist es hilfreich, in solchen Situationen in sich hineinzuhören. Vielleicht lässt sich ja doch die innere Stimme vernehmen, die hinter all den Masken nach Beachtung ruft. Ohne Innenschau ist Selbsterkenntnis nicht möglich. Khalil Gibran aber meint, *nur* mit dem Blick in die eigene Seele allein gelänge es nicht, alle fremden Bereiche der Innenwelt zu erkennen. Ebenso notwendig ist es für ihn, die Menschen der Umgebung ganzheitlich wahrzunehmen und ihre Eigenheiten und Charaktere zu erfassen. Das klingt eigentlich paradox. Wieso sollte es für meine Selbsterkenntnis wichtig sein, andere Leute zu erkennen?

Für Gibran sind wir alle auf einer tieferen Ebene miteinander verbunden. Die Trennung in einzelne Individuen ist lediglich ein Kennzeichen unserer materiellen Existenz. Deshalb können andere Menschen auch ein Spiegel sein für unser Innerstes. Zu versuchen, sein tiefes Wesen im Spiegel der Anderen zu erkennen, ist ein Weg, der von der Kraft des Vereinens geprägt wird (dem „Ageiro" der Spagyrik). Selbsterkenntnis nur im Blick auf sich selbst erreichen zu wollen, baut dagegen auf der Trennung auf, die uns von anderen scheidet (dem „Spao" der Spagyrik also). So, wie die Spagyrik das Wechselspiel beider Kräfte zur Grundlage hat, kann der Mensch sich nur wahrhaft ganz erkennen, wenn er wachsam in sich selbst *und* in seine Mitmenschen hineinsieht.

Die Spagyrik-Essenz Galanga (Galgant) hat eine Verbindung zu der Fähigkeit des Menschen, sich selbst ganzheitlich wahrzunehmen und verborgene, als fremd erscheinende Seelenanteile zu erkennen und zu integrieren. Dabei kann sie dem Menschen Impulse geben, diesen Weg sowohl durch den Blick ins eigene Innere zu gehen, als auch durch die aufmerksame Hinwendung zu den Mitmenschen.

Schuld und Gewissen

Redet ihr von einem, der sich schuldig gemacht hat, nicht oft so, als gehöre er nicht zu euch, sondern sei ein Fremder und Störenfried in euerer heilen Welt? Ich sage euch: Der Heilige und der Gerechte können nicht über das Höchste hinauswachsen, das in jedem von euch ruht. Ebenso können der Böse und der Schwache nicht tiefer fallen als das Niedrigste, das ebenfalls jeder von euch in sich trägt.

Versucht nicht, den Gerechten von dem Ungerechten zu trennen oder den Edlen von dem Schuldigen. Ihr könnt es nicht. Denn im unendlichen Licht der Sonne stehen sie verschlungen da, so wie in deinem Kleid der schwarze und der weiße Faden auf das Engste miteinander verwoben sind.

Filipendula ulmaria

Sein Leben zu leben, ohne nicht irgendwann und in irgendeiner Hinsicht schuldig zu werden, ist nicht möglich. Wer lebt, der macht auch Fehler. Die Entscheidung für eine bestimmte Handlung kann sich im Nachhinein als falsch herausstellen und als ein Fehlverhalten, das anderen Menschen oder einer Sache schadete. Wer dies nicht bewusst herbeigeführt hat, oder wem dies nicht gleichgültig ist, dem werden als Folge seines Tuns Schuldgefühle kommen. Man hat ein schlechtes Gewissen, ärgert sich über sich selbst und möchte das Geschehene am liebsten rückgängig machen. Solche Vorwürfe sich selbst gegenüber sind unangenehm und belastend.

Ein schuldhaftes Verhalten wird in der Regel verurteilt, manchmal vom Menschen, der sich schuldig gemacht hat, mehr als von den anderen. Das kann dazu führen, dass sich der Betreffende abwertet und sich als schlechten Menschen sieht. Übersteigerte Selbstvorwürfe lösen dann häufig eine aggressive Haltung sich selbst gegenüber aus. So werden Gewissensbisse zu Bissen ins eigene Fleisch. Ebenso schnell sind wir dabei, mit dem Finger auf andere zu zeigen, wenn sie sich schuldhaft verhalten. Scheinbar legen wir an unser Tun und das anderer einen besonders hohen Maßstab an, wenn es um ein sozial oder ethisch-moralisch korrektes Verhalten geht.

Auch beim Thema Schuld und Gewissen fordert uns Khalil Gibran auf, das übliche Denken zu hinterfragen. Ganz gleich, ob wir uns selbst oder andere anklagen, wir sollten stets bedenken, dass unsere Seele sowohl das Gute als auch das Schlechte kennt. Kein Mensch kann so tugend- und ehrenhaft sein, dass er nicht schuldig werden könnte. Damit soll nicht dazu aufgefordert werden, das schuldhafte Verhalten zu relativieren, wohl aber dazu, nicht den Stab über dem Menschen zu brechen.

Im Thema Schuld spiegelt sich der ewige Streit zwischen Gut und Böse. Sich eingestehen zu müssen, schuldig geworden zu sein, heißt, „dem Bösen" erlegen zu sein. Unser übliches Verhalten, das schon seit Jahrtausenden im menschlichen Bewusstsein verankert ist, geht stets dahin, das Böse nicht nur zu meiden, sondern es auch aktiv zu bekämpfen. In den Mythen und Religionen, die unser Bewusstsein prägten, findet sich immer wieder der Kampf des Guten gegen das Böse. Und dieser Kampf war häufig die Grundlage für blutige Religionskriege, für die Kreuzzüge und Hexenverfolgungen. Er tobt auch heute noch, wie es Terrorismus und gewaltbereiter Fundamentalismus belegen.

Wenn Khalil Gibran sagt, es sei unmöglich, den Gerechten vom Ungerechten zu trennen, so heißt das auch, dass Gut und Böse im Grunde Polaritäten einer Einheit sind und der Kampf

des einen gegen das andere nur eine Art Selbst-
zerfleischung darstellt. Sich selbst oder andere
für eine Verfehlung zu bestrafen heißt, in diesem alten Muster des Kampfes gefangen zu
sein. Das Böse lässt sich nicht zerstören, ohne
dass das Gute mit zu Grunde geht. Wie aber soll
man dann dem Bösen begegnen? Indem man
nicht das Schlechte bekämpft, sondern das Gute
stärkt. In diesem Satz zeigt sich die Grundidee
eines neuen Denkens, die sich auch in Medizin
und Psychologie immer mehr durchzusetzen
beginnt.

Die Heilpflanze Filipendula ulmaria (Mädesüß,
auch Wiesenkönigin genannt) wird u.a. mit
Schuld und Gewissen in Verbindung gebracht.
In Form der spagyrischen Essenz bringt sie den
Menschen mit diesem neuen Denken bezüglich
seines persönlichen Schuldigwerdens oder dem
anderer in Kontakt. So kann sie dazu verhelfen,
Schuldgefühle zu überwinden und andere ihres
Verhaltens wegen nicht als Menschen herabzu-
setzen.

Kummer und Schmerz

Wenn ein tiefer Kummer euere Seele beschwert, dann sagt euch: „Diese Dunkelheit ist nur der noch nicht geborene Morgen." Erkennt im Schmerz das Aufbrechen der Schale, die euer Verstehen umschließt. So wie der Kern in der Frucht erst aufbrechen muss, damit sein Herz sich in der Sonne wärmen kann, so müsst auch ihr den Schmerz kennen.

Wäre es euch möglich, mit dem Herzen die alltäglichen Wunder eueres Lebens zu bestaunen, kann empfändet ihr eueren Schmerz nicht minder wunderbar als euere Freude. Betrachtet das Jahr, wie es über die Felder hinwegzieht. Jeder von euch erduldet still dieses Werden und Vergehen in der Natur. So könntet ihr auch die wechselnden Zeiten eueres Herzens ertragen. Und den Winter eueres Kummers würdet ihr gefasst und in Gelassenheit überstehen.

Denn wer den Frühling sucht, ohne den vorangegangenen Winter zu kennen, wird ihn niemals finden.

Passiflora

Jeder Mensch wünscht sich ein Leben ohne Schmerz und Leid. Und ein sorgenfreies Leben führen zu können, ist der Traum wohl aller Menschen. Recht bald jedoch hat das Leben Lektionen parat, die erkennen lassen, dass dies wohl ein ewiger Wunschtraum bleiben wird. Leidvolle Erfahrungen kann niemand umgehen, sie sind ein grundlegendes Lebensthema wie Freude, Glück und Erfüllung.

Niemand erlebt gerne Kummer und Schmerz weil sie, wie kaum etwas anderes, die Seele belasten – manchmal bis an den Rand des Erträglichen. Nur haben wir Menschen nicht immer die Möglichkeit, diesen negativen Erfahrungen vorzubeugen oder sie zu umgehen. Diese Machtlosigkeit, mit der wir ihnen oft gegenüberstehen, verstärkt nur noch den Schmerz. Die Gefahr, dass starkes und dauerhaftes Leid in eine Depression führen, ist groß.

Wie häufig bei belastenden Lebenssituationen, die durch eigenes Handeln schwer zu überwinden sind, kommt es auch bei Kummer und Schmerz darauf an, wie der Mensch innerlich auf die Lage reagiert, d.h. mit welcher Einstellung er es tut. Der Schmerz wird nicht dadurch geringer, dass man ständig die Situation beklagt, in der man gefangen scheint.

Khalil Gibran versucht auch die Themen Kummer und Schmerz nicht isoliert zu betrachten, sondern stellt sie in eine innere Verbindung zu den gegenteiligen Erfahrungen. Er verknüpft das Dunkle und das Lichte zu einer Einheit. Für ihn ist die Finsternis der Seele wie ein noch nicht geborener Morgen. Das, was uns Kummer bereitet und das, was uns Freude beschert, sind in ihrem tiefsten Wesen eins. Gibran vergleicht den Schmerz mit dem Aufbrechen der Schale, die unser Verstehen umschließt. Dieses Verstehen entstammt der tiefen Erkenntnis, dass Gegensätze einander bedingen. Nur wer dazu fähig ist, Kummer und Leid *bewusst* zu erfahren, wird dies auch mit Erfahrungen von Freude und Glück tun können.

Es fällt schwer, in Zeiten des Leids eine so ganz andere Sicht der Dinge einzunehmen. Und auch wenn man sich um sie bemüht und die Sinnhaftigkeit dieser Gedanken für sich selbst erkennen kann, so ändert das noch nicht viel an der Schmerzhaftigkeit des Erlebten. Es gibt dem Kummer aber eine gewisse Distanz, aus der heraus er leichter zu ertragen ist.

Allzu oft versuchen wir Menschen, das, was uns belastet, wegzunehmen. Manchmal will man uns weismachen, wir könnten das Leidvolle unseres Alltags durch spezielle Techniken, Übungen, Gedankenkontrolle oder sonstige Hilfsmittel aus unserem Leben verbannen. Das kostet nicht selten viel – sei es Energie oder Geld –, führt uns jedoch nicht immer zum erstrebten Glück. Man kann im Winter nicht den Frühling herbeizaubern. Aber man kann erkennen, dass der Winter mit seiner Kälte und Erstarrung notwendig ist, damit sich im Frühling neues Leben entfalten kann.

Auch eine Spagyrik-Essenz wie Passiflora (Passionsblume) will und kann uns das Kummervolle nicht in Glückhaftes verwandeln. Das entspräche nicht dem Anspruch, eine neue Art des Denkens und Handelns im Menschen anzuregen, wie es im Geiste Khalil Gibrans wäre. Sie kann aber der Seele helfen, sich die nötige Ruhe zu verschaffen, um den Fokus der Betrachtung weg vom Leid und hin zu den größeren Zusammenhängen zu lenken. Dabei kann sie wie ein Frühlingslied sein, mit dem die Mutter ihr frierendes Kind während der rauen Nächte des Winters in den Schlaf wiegt.

Gottessuche

Wir alle sind Kinder einer Religion. Die unterschiedlichen Wege dieser Religion sind nichts anderes als die Finger der liebenden Hand dessen, den wir Gott nennen.

Sind nicht alle Taten und jedes Denken Religion? Und nicht nur sie, sondern auch jedes Staunen und jedes Wundern, das immerwährend aus der Seele quillt, selbst wenn die Hände Steine behauen oder einen Webstuhl bedienen.

Euer tägliches Leben ist euer Tempel und euere Religion. Und wenn ihr Gott erkennen solltet, so bildet euch nicht ein, die Rätsel lösen zu können. Schaut euch vielmehr um und ihr werdet sehen, wie Er mit eueren Kindern spielt. Richtet eueren Blick zum Himmel und ihr seht, wie Er seine Arme in Blitzen ausbreitet und im Regen herabsteigt. Und ihr werdet erkennen, wie Er aus den Blumen lächelt, in die Höhe steigt und euch aus den Bäumen zuwinkt.

Religion ist ein heißes Thema – manchmal so heiß, dass sich die Gemüter erhitzen und die Herzen entflammen. Oft genug aber wärmt dieses Feuer nicht, sondern setzt das Fühlen, Denken und Handeln eines Menschen in Brand. Ein Feuer, das zerstört und vernichtet im Namen eines jeweiligen Gottes.

Warum ist Religion so häufig mit Krieg und Gewalt verbunden? Weil der Mensch Religion immer mit dem Begriff der Wahrheit verknüpft. Im alten Denken kann es nur eine einzige Ausformung von Wahrheit geben – und damit auch nur einen einzigen Gott und eine einzige Religion. Und dies ist immer der eigene Glaube. Neues Denken überwindet solche starren Denkschablonen, ohne die Annahme der *einen* Religion und des *einen* Gottes zu verleugnen. Neues Denken ist nicht mehr gefangen in der Dualität „Mein Gott – Dein Gott". Sie sucht die Erfahrung des „Unser Gott". Khalil Gibran spricht in seinen Texten immer von der tiefen Einheit alles Religiösen. Gottessuche ist in diesem Sinne die Suche nach dieser verborgenen Einheit. Was aber ist nötig, um zu einer solchen Weite des Denkens zu gelangen?

Für Khalil Gibran ist Religiosität nicht an Glaubenslehren gebunden. Die Probleme, die die verschiedenen Religionen untereinander haben, beruhen seiner Meinung nach darin, dass sie den Menschen mehr Glaubens*lehre* vermitteln als persönliche Glaubens*erfahrung*. Gott darf nicht dazu missbraucht werden, dem Verstand als Erklärungsmodell für die Rätsel der Welt und des Lebens zu dienen. Dies ist in vielen Glaubenslehren der Fall und sperrt die Dimension des Göttlichen in die menschlichen Gehirnwindungen ein. Damit trennt man sie aber vom persönlichen Erfahren und Erleben des Einzelnen ab.

Khalil Gibran verknüpft Religion mit dem Alltäglichen des menschlichen Lebens, seinem Fühlen, Denken und Handeln: *„Euer tägliches Leben ist euer Tempel und euere Religion."* Erst durch eine solche innere Haltung wird es möglich, über die Welt und alles, was sie ausmacht, zu staunen. So können sich Ehrfurcht und Dankbarkeit entwickeln, Gott und der Welt gegenüber. Ohne eine solche mystische Grundhaltung ist es nach Gibrans Auffassung nicht möglich, Gott in allem erkennen zu können, was die Voraussetzung dafür ist, das alte Denken im Bereich des Religiösen zu überwinden. Damit wird Gott keine „Glaubenssache" mehr, sondern eine persönliche Erfahrung.

Sowohl der gläubige Mensch als auch der Atheist sind ihrem jeweiligen Glauben unterworfen, der sich für jeden rational – wenn auch gegensätzlich – begründen lässt. Im Sinne Gibrans sind solche Erklärungsversuche im Bereich des Religiösen für die Menschen wenig hilfreich.

Der heute so weit verbreitete Atheismus kann eher als Gegenbewegung zu den, vielen Erkenntnissen der Aufklärung widersprechenden, Lehren der Offenbarungsreligionen verstanden werden. So bietet der Atheismus einem emanzipierten Verstand das beruhigende Gefühl, keinem irrationalen Glaubenssystem verhaftet zu sein. Ob ein derart beruhigter Verstand aber dem, in jedem Menschen auf irgendeine Art vorhandenen, religiösen Grundgefühl gewachsen ist, mag bezweifelt werden. Eine atheistisch begründete Lebenshilfe und –fürsorge, die sich dem Menschen in der Ganzheit seines Wesens annimmt, dürfte sich jedenfalls schwer tun.

Die persönliche Beziehung des Menschen zum Religiösen ist ein Thema der Spagyrik-Essenz Olibanum (Weihrauch). Sie verhilft dazu, überkommene Glaubensmuster zu hinterfragen und einen neuen, ganzheitlichen Zugang zu persönlichen Gotteserfahrungen zu finden. Andererseits kann sie religiös indifferenten Menschen Impulse vermitteln, ihre transpersonalen Bedürfnisse wahrzunehmen.

Hoffnung

Höre nicht auf die Narren, die da sagen, die Seele sterbe mit dem Körper oder jene Toren, die behaupten, was einmal tot ist, könne niemals wiederkehren. Zeige ihnen deinen Garten und sage: „In jeder Blume, die vergeht, bleiben ihre Samen zurück. Wer staunen kann, sieht sie vor sich liegen, umgeben vom Geheimnis der Ewigkeit allen Lebens."

Sei nicht wie jener, der am Kamin hockt und wartet, bis das Feuer erlischt, um dann vergebens in die erkaltete Asche zu blasen. Gib die Hoffnung nie auf und verzweifle nicht über Verflossenes. Wer über Unwiederbringliches jammert, offenbart nur seine innere Schwäche.

Cardamom

Wenn Joachim an die Zukunft denkt, bekommt er Beklemmungen in Brust und Bauch. Gestern sprach der Arzt von einem halben Jahr - höchstens. Sein Prostatakrebs ist ins Endstadium eingetreten. Alle medizinischen Fakten besagen: Es gibt keine Hoffnung mehr. Und der 65jährige hatte viel Hoffnung.

Als vor acht Jahren die Diagnose gestellt wurde, änderte Joachim sein Leben. Er stellte die Ernährung um, begann regelmäßig Sport zu treiben und ordnete sein Seelenleben. Die Schulmedizin ergänzte er mit biologischen Heilverfahren, und er achtete in jeder Hinsicht auf seine persönlichen Bedürfnisse. Er profitierte sehr davon. Aber nicht nur er: Auch seine Beziehung zur Ehefrau und den Kindern bekam eine neue Qualität. Im Rückblick waren es anstrengende aber auch gute Jahre - Jahre, in denen er sich selbst näher war als in den Jahrzehnten zuvor.

Joachim setzte alle Hoffnung darauf, mit dieser Lebensänderung den Krebs besiegen zu können, zumal die Ausbreitung des Tumors lange stagnierte und er sich insgesamt wohl fühlte. Nun ist es anders gekommen. Joachim muss sich auf das Sterben vorbereiten.

Hoffnung ist ein bedeutendes Lebensthema. Wer die Fähigkeit zu hoffen verloren hat, ist letztendlich der Resignation und Depression ausgeliefert. Hoffnung wird definiert als eine positive Erwartungshaltung und zuversichtliche innere Ausrichtung auf etwas Wünschenswertes, das zukünftig eintreten mag. Dabei kann man sich allerdings nicht sicher sein, dass dies auch tatsächlich so kommt. Der Mensch kann seine Hoffnung auf Vieles richten, auf kleine wie auf große Dinge. Stets aber erzeugt das Gefühl der Hoffnung eine Aufrichtung der Kräfte im Menschen. Hoffnung zu verspüren baut auf, seelisch wie körperlich. Deshalb ist es so wichtig, die Fähigkeit des Hoffens im Menschen zu stärken. Wer hoffen kann, lebt vielleicht nicht länger, aber er lebt zufriedener.

In Bezug auf das menschliche Leben ist das Thema Hoffnung natürlich auch relativ. Niemand kann hoffen, ewig zu leben. Irgendwann geht es unweigerlich zu Ende. So wie jetzt bei Joachim. Er kann nach menschlichem Ermessen nicht mehr darauf hoffen, die Krankheit zu überwinden. Nun überwindet die Krankheit ihn. Muss das Hoffen also letztendlich immer scheitern? Gibt es Hoffnung nur auf Zeit?

Khalil Gibran bringt beim Thema Hoffnung die überpersönliche Ebene mit ins Spiel. Und diese Ebene ist für ihn zyklisch, d.h. sie folgt einem ewigen Kreislauf. Jedes Vergehen mündet in ein Neuwerden, wie in der Spagyrik jedem Auflösen ein neues Verbinden folgt. Hoffnung wird damit nicht zu einem Vertrösten auf ein erlösendes Jenseits, vielmehr ermöglicht es die seelische Erfahrung des vertrauensvollen Eingebettetseins in einen großen Rhythmus, den unser menschlicher Verstand nicht zu fassen vermag. Wer diese große Hoffnung in sich spüren kann, der wird auch nicht zum Sklaven der vielen kleinen Hoffnungen, die sein Leben bestimmen und vor deren Scheitern er sich immer so sehr fürchtet.

In der Spagyrik-Essenz Cardamom (Kardamom) treffen wir auf die Verknüpfung mit dem Lebensthema Hoffnung. Die Essenz kann den Menschen in Resonanz bringen mit dem Urvertrauen in die Prozesse des Lebens, denen jeder von uns unterworfen ist. So kann ein Optimismus entstehen, in welchem nicht die Angst vor dem Scheitern mitschwingt, sondern einer, der sich im Fluss des Lebens immer wieder erneuert.

Tod und Neugeburt

Nebel, meine Schwester, du reiner Atem ohne
jede Form.

Ich kehre zu dir zurück als stiller weißer Hauch,
als unausgesprochenes Wort.

Nebel, o meine beflügelte Schwester Nebel, nun
sind wir eins.

Und wir werden eins bleiben, bis der zweite Tag
des Lebens anbricht.

Seine Morgendämmerung formt dich zu einem
Tautropfen und legt dich in einen Garten.

Mich aber macht sie zu einem Säugling und
bettet mich an die Brust einer Frau.

Und wir werden uns erinnern.

Viscum album

Der Tod ist das letzte Geheimnis, mit dem wir Menschen konfrontiert sind. Und er wird immer ein Geheimnis bleiben, weil wir ihn nie ganz begreifen werden. Jedes Kind weiß, dass das Leben einmal aufhört, und es fragt nach dem Warum. Unsere Antworten werden es im Innersten nicht befriedigen. Und so fragt es weiter, was nach dem Tod ist. Aber auch die Antworten, die wir auf diese Frage geben mögen, können das Kind nicht wirklich zufriedenstellen. So hört es irgendwann auf zu fragen und beginnt sich, spätestens mit dem Erwachsenwerden, im Hier und Jetzt einzurichten, indem es sich in Beruf und Familie ein persönliches Leben aufbaut. Nun haben andere Dinge Priorität. Spätestens aber nach der Lebensmitte melden sich diese Fragen wieder.

Wenn man sich inzwischen mit den üblichen Antworten aus Religion, Spiritualität oder Philosophie zufrieden gegeben hat, wird nun eine ganz persönliche Antwort verlangt. Denn das weitere Verdrängen schürt nur eine tiefgründige Angst – und diese kann, wenn das Leben einmal vor dem Abschluss steht, zu einer bitteren Sterbeerfahrung führen.

Nach der Auffassung Khalil Gibrans sind wir Menschen in Liebe und Tod dem ursprünglichen Einssein am nächsten. Deshalb kann der, der wahrhaft lieben kann, auch im Sterben sein Leben dankbar hergeben – wenn auch nicht ohne Angst, aber doch mit Vertrauen. Vertrauen aber muss eine Grundlage haben, auf das es sich beziehen kann. Und diese Grundlage wird sich nur auf Antworten aufbauen, die man sich auf die letzten Lebensfragen hin gegeben hat.

Diese Antworten sind vielfältig und reichen von der Vorstellung eines bloßen Aufhörens, über die Theorie der Reinkarnation bis hin zu einem ewigen Leben bei Gott im Paradies. Welche aber ist richtig und entspricht der Wahrheit? Wir wissen es nicht. Und da wir es nicht wissen können, beunruhigt uns dies. Da bleibt letztlich nur der Glaube, der sein Haus immer auf den tönernen Füßen des Nichtwissens bauen muss. Vielleicht ist ja jede Antwort wahr, die einem Menschen dieses ganz individuelle Vertrauen zu geben vermag. Dann aber müssen wir umdenken. Denn dann ist nicht mehr eine objektive Realität Maßstab für Wahrheit, sondern das persönliche Erleben und Erkennen jedes einzelnen Menschen.

In diese Richtung gehen auch die Gedanken Khalil Gibrans, wenn er uns seine Antwort auf die Frage nach dem Tod und dem, was danach kommt, in poetischen Worten vermittelt. Für ihn ist der Tod ein mystisches Verschmelzen, eine Wiedervereinigung jenseits allen menschlichen Verstehens. Jedoch währt dieses Einssein nicht ewig. Wie alles in der Natur ein rhythmisches Schwingen zwischen Vereinigen und Trennen ist, so schwingen auch wir Menschen zwischen einem Zustand des Getrennten und einem des Vereinten hin und her. Geburt und Tod sind die Durchgangspforten zwischen diesen beiden Zustandsformen.

Wenn die Mystiker sich, die Natur und Gott als eins erfahren, dann ist das ein Moment des Erinnerns. In einem vielleicht ekstatischen Augenblick erkennen sie an Leib und Seele, dass sie einmal eins waren – und einst wieder eins sein werden. Das Getrenntsein ist nur eine notwendige Erfahrung des in die Zeit eingebundenen Lebens in dieser Welt.

Die Mistel wird in der Symbolik u. a. mit Tod und Wiedergeburt verknüpft. Ihre Form in der Polarität der doppelt angeordneten Blätter und der kugelförmigen, weißen Beeren verweist auf das Getrennte (Blätter), das in das Eine als Frucht mündet (Beere). Als Spagyrik-Essenz Viscum album kann die Mistel dem Menschen eine Ahnung dieser mystischen Erfahrung des Einsseins im Getrennten vermitteln.

Trauer

Wessen Seele von den eigenen Tränen durch-
drungen wurde, den haben sie gereinigt. Und er
wird rein sein auf ewig.

Die Liebe erkennt ihre eigene Tiefe erst im Augenblick des Getrenntwerdens. Sollten sich aber
euere Hände in einem anderen Traum wieder
begegnen, so werden sie gemeinsam einen neuen
Turm in den Himmel bauen.

Und wenn euch die Dunkelheit umhüllt, sagt:
„Die Finsternis ist eine Morgendämmerung, die
sich danach sehnt, geboren zu werden. Und wenn
auch die Qualen der Nacht mich erdrücken, die
Morgenröte wird kommen, ebenso dort auf den
Hügeln wie tief in meiner Seele." Erst wenn ein
neuer Morgen anbricht, weiß der Mensch wie
Blumen lächeln.

Citrus aurantium

„… weiß der Mensch wie Blumen lächeln".

Das Lächeln der Blumen und die Trauer des Menschen: Wie passt das zusammen? In der Nacht lächeln keine Blumen, und die Trauer des Menschen machen seine Tränen aus. In den Augen Khalil Gibrans ist die Dunkelheit eine Morgendämmerung, deren Zeit noch nicht gekommen ist. So kann man in den Tränen, die ein Mensch in seiner Trauer vergießt, das Lächeln erkennen, das noch als bittere Frucht am Baum der eigenen Seele hängt. Aber die Zeit der Wandlung wird kommen – wie in der Natur, so im Menschen.

Tränen wirken reinigend – auch in Zeiten der Trauer, wenn etwas, das uns nahestand – etwas Liebes – uns für immer verlassen hat. In der Trauer Trost zu spenden, ist nicht einfach. Hier greift kein billiges Vertrösten im Sinne eines *„Es wird schon wieder …"* Der Verlust ist endgültig, nichts kann rückgängig gemacht werden.

Manchmal spüren wir erst im Moment des Getrenntwerdens, wie eng wir mit einem Menschen verbunden waren und wie tief die Beziehung gewesen ist. Das macht den Schmerz und den Kummer oft noch stärker. Aber diese bittere Erfahrung muss sein. Gerade bei der Trauer spüren wir deutlich, wie schwer es ist, seelische Schmerzen einfach wegzunehmen oder aufzulösen. Nicht umsonst spricht man von der

Trauerarbeit, die geleistet werden muss. Sie ist ein seelischer Prozess, der zu durchleiden ist, und ein Weg, auf dem es keine Abkürzung gibt. Was aber hilft, die Trauer zu verarbeiten?

Für viele Menschen bieten religiöse oder spirituelle Jenseitsvorstellungen, die ein Leben nach dem Tod verheißen, Trost und Hilfe in den Stunden des Abschiednehmens. Khalil Gibran glaubt an einen anderen Traum, in dem man sich wieder – wie auch immer – begegnet und eine neue Verbindung eingeht. Und die Hände werden *„gemeinsam einen neuen Turm in den Himmel bauen.“*

Wer daran nicht glauben kann, muss andere Möglichkeiten finden, den Verlust zu verarbeiten. Wie auch immer, stets wird im Trauernden ein seelischer Prozess ablaufen, der ihn psychisch fordert, ihn formt und letztlich seelisch weiterentwickeln kann. So wichtig es ist, um einen verlorenen Menschen zu weinen, so bedeutsam ist es auch, bewusst einen Schlusspunkt zu setzen. Erst dadurch wird der Mensch in die Lage versetzt, einen neuen Ansatz für sein weiteres Leben zu finden.

Die Floskel *„Das Leben geht weiter“* klingt für viele Trauernde hohl und leer – und doch zeigt der Satz klar und schnörkellos auf, was das Ziel der Trauerarbeit sein muss: sein eigenes Leben neu zu strukturieren und es dann bewusst und aus einer positiven Grundhaltung heraus zu leben. Der Tod markiert einen Endpunkt – aber die bewusst durchlebte Trauer verhilft dem Hinterbliebenen zu einem Neuanfang.

Citrus aurantium (Bitterorange) wird seit Jahrtausenden mit Leid und Trauer in Verbindung gebracht. Die Pflanzensymbolik orientiert sich dabei an der bitteren Frucht dieses Baumes. Als Spagyrik-Essenz kann Citrus aurantium trauernden Menschen Impulse vermitteln, den Prozess des Loslassens und der Trauer voll und ganz zu durchleben, um dann, wenn er überstanden ist, wieder lächeln zu können wie die Blumen in der Morgendämmerung.

Auswählen und anwenden

Spagyrik-Essenzen sind klare, aromatisch duftende und schmeckende Flüssigkeiten. Sie gelten wie homöopathische Mittel oder Schüßler-Salze als Arzneimittel und können über Apotheken (in der Schweiz auch Drogerien) bezogen werden. Es ist möglich, sie einzeln anzuwenden, doch kommen sie in der Regel als persönlich zusammengestellte Mischungen zum Einsatz.

Die kurze Übersicht ab Seite 86 kann als Orientierungshilfe dienen, passende Essenzen für sich selbst auszuwählen. Dabei können neben den grundlegenden Lebensthemen auch die jeweiligen psychischen und körperlichen Ansatzpunkte der Essenzen berücksichtigt werden. In der Regel werden zwei oder drei Essenzen ausgewählt, die dann von der Apotheke oder Drogerie zu gleichen Teilen gemischt werden, am besten in eine 30 ml-Flasche. Diese wird dann mit einem Sprühaufsatz versehen, sodass die persönliche Mischung als „Spagyrik-Spray" verwendet werden kann. Dazu sprüht man sie direkt in die Mundhöhle.

Auf diese Art entfällt ein lästiges Tropfenzählen und die Anwendung kann rasch und problemlos geschehen, was den Gebrauch einfach und trotzdem sicher macht. Durch das Einsprühen verteilt sich die Lösung in kleinste Tröpfchen und kann bis in den lymphatischen Rachenring gelangen, was einen direkten Kontakt zum Im-

munsystem gewährleistet. Die Lösung soll vor
dem Schlucken zudem eine Weile im Mund
belassen werden. Durch zusätzliche Kaubewe-
gungen werden die aromatischen Bestandteile
gelöst und können bis zu den Riechzellen in der
Nasenhöhle aufsteigen. Somit ist eine Wirkung
nicht nur durch Aufnahme über die Schleim-
haut, sondern auch mittels einer Reizweiterlei-
tung über den Riechnerven ins Gehirn möglich.
Somit ist eine direkte Wirkung auf das limbi-
sche System möglich, den Sitz der menschlichen Emotionen und Gefühle.

Die Anwendung erfolgt idealerweise morgens
nach dem Aufstehen und am Abend vor dem
Schlafengehen. Dazu sprüht man jeweils 3
Sprühstöße der Mischung in den Mund. Eine
Flasche mit 30 ml reicht so für gut sechs Wo-
chen. Damit die Einnahme nicht vergessen
wird, stellt man die Flasche am besten auf den
Nachttisch neben das Bett. Um vor allem die
seelisch-geistige Wirkung der Essenzen zu be-
tonen, kann das Spray auch vor Meditations-
und Entspannungsübungen angewendet werden. Nähere Einzelheiten zum
Gebrauch finden sich in
der entsprechenden
Literatur (ab S. 91).

Beobachten und schreiben

Bislang war es üblich, spagyrische Arzneimittel in erster Linie zur Behandlung körperlicher Beschwerden einzusetzen. Dies hat eine lange Tradition und bietet gute Ansätze für eine umfassende Therapie. Mittlerweile werden solche alchemistischen Mittel – vor allem die Spagyrik-Essenzen – auch gezielt nach psychosomatischen Zusammenhängen angewandt. Damit ergeben sich zusätzliche Einsatzmöglichkeiten. Neu ist die Verbindung solcher Essenzen mit zentralen Themen des menschlichen Lebens, mit denen jeder in irgendeiner Weise konfrontiert ist und herausgefordert wird. Dies bringt jedoch Schwierigkeiten mit sich, die Wirkung der Mittel einschätzen zu können.

Auf körperlicher Ebene ist die Beurteilung vergleichsweise leicht. Nehme ich bei Schnupfen eine Spagyrik-Essenz, sagt mir der Verlauf des Beschwerdebildes so ziemlich sicher, ob das Mittel angeschlagen hat oder nicht. Etwas schwieriger wird es auf der psychischen Ebene. Ängste, Depressionen oder ähnliche Beschwerden ändern sich für gewöhnlich nicht so schnell wie eine triefende Nase. Trotzdem können die Essenzen positive Effekte zeigen, ohne dass der Betreffende sofort eine umfassende Besserung erfahren muss. Noch problematischer wird es, die Wirkung von Spagyrik-Essenzen bei Lebensthemen zu bewerten, die einem Menschen Schwierigkeiten bereiten. Die üblichen Kriterien für eine Beurteilung greifen meist zu kurz.

Deshalb sind neue gefragt. Erste wichtige Voraussetzung für das richtige Einschätzen der Wirkung von Essenzen ist das Aufgeben der üblichen Problemfokussierung. Nur darauf zu achten, ob Kummer, Trauer oder Angst besser werden oder nicht, fixiert unsere emotionale und mentale Wahrnehmung auf das Problemfeld mit seiner negativen Energie. Trotzdem sind eine gute Beobachtung und intensive Wahrnehmung seiner selbst jetzt gefragt. Wichtig dabei ist, genau zu wissen, auf was die Aufmerksamkeit vor allem gerichtet werden muss.

Veränderungen können sich auf grundsätzlich drei Ebenen zeigen: der körperlichen, der psychischen und der sozialen. Wer Spagyrik-Essenzen als Begleitung beim Bearbeiten von Lebensthemen einsetzt, sollte dabei sich und sein Leben aufmerksam beobachten. Die Auseinandersetzung mit folgenden Fragen kann dabei hilfreich sein:

Körperlicher Bereich

- *Gibt es sicht- oder spürbare Veränderungen am Körper? (Schmerzen, Missempfindungen, Hautveränderungen etc.)*

- *Melden sich frühere Beschwerden wieder?*

- *Verändern sich bestehende Beschwerden positiv oder negativ?*

83

Psychischer Bereich

- *Zeigen sich bestimmte Emotionen? (Ärger, Wut, Trauer, Schwermut etc.)*

- *Gibt es auffallende Träume?*

- *Kommt es zu einer erhöhten psychischen Empfindlichkeit?*

Sozialer Bereich

- *Gibt es Veränderungen im zwischenmenschlichen Verhalten?*

- *Kommt es zu ungewöhnlichen Begegnungen mit anderen Menschen?*

- *Ergeben sich neue soziale Verbindungen, Herausforderungen oder Chancen?*

Sehr hilfreich ist es, sich jeden Abend etwas Zeit zu nehmen und anhand dieser Fragen für den jeweiligen Tag eine Art „Rapport" zu schreiben. Im Niederschreiben fixiert man seine Wahrnehmungen und kann dann über sie reflektieren und Erkenntnisse daraus ziehen. Man sollte sich dabei stets darüber im Klaren sein, dass Spagyrik-Essenzen vor allem die eigenen Ressourcen anregen sollen und die in uns allen angelegte Fähigkeit, sich in Phasen der Unordnung und des Chaos neu zu struktu-

rieren. Kräfte in sie hineinzuprojizieren, die sie
nicht haben und nicht haben sollen, entspricht
nicht dem Wesen eines neuen Denkens, das
Khalil Gibran von uns fordert und in dem Freiheit und Unabhängigkeit des Menschen an vor-
derster Stelle stehen.

Spagyrik-Essenzen übertragen keine Kräfte,
Energien oder Informationen im üblichen Sinne. Die Wirkung fußt auf einer Begegnung, einer Begegnung zwischen Mensch und Essenz.
Und Begegnung ist nach Khalil Gibran immer
ein „Erinnern", wenn sich die Begegnenden
wesensähnlich sind. Es ist die Erinnerung an
die Einheit, die beide verbindet. Daraus ent-
steht eine machtvolle Wechselwirkung, eine
Resonanz. Diese ist es, die
Kräfte freisetzen kann, dort,
wo Kräfte wirklich sind: im
Menschen – in seinem
Körper, in seiner Seele, in
seinem Geist.

Übersicht

Cardamom (Kardamom)   **Hoffnung**
seelisch-geistige Effekte:
- ermutigt zu emotionaler Öffnung
- stärkt das „Prinzip Hoffnung"

körperliche Effekte:
- anregend auf die Magen-Darmfunktionen
- blähungswidrig und kreislaufanregend

Citrus aurantium (Bitterorange)   **Trauer und Verlust**
seelisch-geistige Effekte:
- hilft beim Loslassen
- schenkt Trost und Zuversicht

körperliche Effekte:
- stärkend und aufbauend im Alter
- psychosomatisch stabilisierend bei Störungen der Verdauung und im Herz-Kreislaufsystem

---

Citrus limon (Zitrone)   **Freiheit**
seelisch-geistige Effekte:
- gibt Leichtigkeit und Schwung
- stärkt die Bereitschaft zur Pflichterfüllung als Voraussetzung für wahre Freiheit

körperliche Effekte:
- entzündungswidrig und kühlend
- durchblutungsfördernd auf Arterien und Venen

Eleutherococcus (Taigawurzel)   **Arbeit und Mühe**
seelisch-geistige Effekte:
- stärkt die Freude an der Arbeit
- hilft, die Last des Lebens tragen zu lernen

körperliche Effekte:
- fördert die Regenerationsfähigkeit
- stärkt die Körperabwehr und die Anpassungsfähigkeit

Filipendula ulmaria (Mädesüß)　　　　**Schuld und Gewissen**
seelisch-geistige Effekte:
- hilft Schuldgefühle zu überwinden
- fördert das Verarbeiten von Gewissensbissen

körperliche Effekte:
- stoffwechselanregend und ausscheidend
- lösend auf Ablagerungen in Muskeln und Gelenken

Galanga (Galgant)　　　　**Selbsterkenntnis**
seelisch-geistige Effekte:
- lässt verborgene und unterdrückte Seiten erkennen
- hilft zur Integration ungelebter Seelenanteile

körperliche Effekte:
- magenstärkend und appetitanregend
- stabilisierend auf Herz und Kreislauf

Laurus nobilis (Lorbeer)　　　　**Selbstwertgefühl**
seelisch-geistige Effekte:
- stärkt Selbstwertgefühl und Selbstbewusstsein
- hilft, die innere Stimme wahrzunehmen und ihr zu vertrauen

körperliche Effekte:
- stoffwechselanregend und stärkend bei chronischen Krankheiten
- lindert Beschwerden von Magen, Darm, Gelenken und Haut

Olibanum (Weihrauch)　　　　**Gottessuche**
seelisch-geistige Effekte:
- öffnet für spirituelle und transpersonale Themen
- macht fähig zu meditativer Kontemplation

körperliche Effekte:
- entzündungswidrig und schmerzlindernd

Passiflora (Passionsblume) **Kummer und Schmerz**
seelisch-geistige Effekte:
- stärkt im Umgang mit leidvollen Erfahrungen
- lässt das „Licht am Ende des Tunnels" erkennen

körperliche Effekte:
- beruhigend, entspannend, schlaffördernd
- krampflösend und schmerzlindernd

Rosa damascena (Damaszener Rose) **Liebe**
seelisch-geistige Effekte:
- stärkt die Liebesfähigkeit
- stabilisiert bei Liebeskummer, Eifersucht etc.

körperliche Effekte:
- entzündungswidrig auf Haut und Schleimhäute
- reguliert das Hormonsystem

Solidago virgaurea (Goldrute) **Partnerschaft**
seelisch-geistige Effekte:
- fördert die Fähigkeit zu einem harmonischen Miteinander
- stärkt das Wir-Gefühl in Beziehungen

körperliche Effekte:
- lindert Entzündungen im Nieren-Blasenbereich
- fördert Stoffwechsel und Nierenfunktion

Tilia (Linde) **Freundschaft**
seelisch-geistige Effekte:
- fördert die Bereitschaft zu freundschaftlichen und emotionalen Bindungen
- hilft wahre von falschen Freunden zu unterscheiden

körperliche Effekte:
- entzündungswidrig auf die Atemwege
- hilft bei Kopfschmerz und trüben Augen

Vanilla (Vanille)   **Sinnesfreuden**
seelisch-geistige Effekte:
- stärkt die Genussfähigkeit
- öffnet die Gefühlswelt
- nimmt die Angst vor zu viel menschlicher Nähe

körperliche Effekte:
- reguliert Nerven- und Hormonsystem
- krampflösend und entspannend
- wirkt lindernd auf Hautreizungen

Viscum album (Mistel)   **Tod und Neugeburt**
seelisch-geistige Effekte:
- fördert das Loslassenkönnen
- hilft, den „Stirb-und-Werde-Prozess" zu akzeptieren

körperliche Effekte:
- fördert die arterielle Durchblutung und reguliert den Blutdruck
- stoffwechselanregend bei chronischem Rheumatismus

Bezugsquellen

Die in diesem Buch beschriebenen spagyrischen Pflanzenessenzen werden in der Schweiz von der Firma HEIDAK AG, Emmenbrücke produziert und vertrieben. Bezugsquellen vor Ort können erfragt werden unter: info@heidak.ch, Tel. +41 (0) 41 2694141, www.heidak.ch

Infos für Deutschland: HEIDAK GmbH, Hüfingen, info@heidak.eu
Tel. +49 (0) 771 89784280

Infos für Österreich: Mag. Sprinzl GmbH, Wien, sprinzl@magister.at
Tel. +43 (0) 6648494706

Abbildungen

A.Barra, www.wikipedia.org	Seite 79
Anna Subbotina, www.fotolia.com	Seite 51
aris sanjaya, www.fotolia.com	Seite 36
Berchtesgaden, www.fotolia.com	Seite 52
Carsten Steps, www.fotolia.com	Seite 76
chesterF, www.fotolia.com	Seite 28
cogipix, www.fotolia.com	Seite 17 rechts
contrastwerkstatt, www.fotolia.com	Seite 32
coulanges, www.fotolia.com	Seite 43
detailblick, www.fotolia.com	Seite 44
Dimitry, www.fotolia.com	Seite 31
emer, www.fotolia.com	Seite 35, 39, 47, 75
foto.fritz, www.fotolia.com	Seite 56
Hans-Josef Fritschi	Umschlag (Vorder- und Rückseite), Seite 14, 17 links, 24, 40, 59, 60, 64, 68
Khalil Gibran	Seite 20, 23, 83
konradbak, www.fotolia.com	Seite 48
Kurt Anderson, www.fotolia.com	Seite 63
matka_Wariatka, www.fotolia.com	Seite 71
Nathalie Dulex, www.fotolia.com	Seite 55
Nick Freund, www.fotolia.com	Seite 81
Philippe Gillotte, www.fotolia.com	Seite 72
unpict, www.fotolia.com	Seite 67
Vladimir Galanov, www.fotolia.com	Seite 27

Literaturempfehlungen

Khalil Gibran:

Gesamtausgabe:
* *Khalil Gibran: Sämtliche Werke, 2 Bände, 2011, Patmos-Verlag*

Einzelausgaben (Auswahl):
* *Das Khalil Gibran Lesebuch, herausgegeben von V. Fabricius, 2011, Patmos-Verlag*
* *Khalil Gibran: Der Prophet, übersetzt von Ulrich Schaffer, 2011, Herder-Verlag (auch als Hörbuch erhältlich)*
* *Khalil Gibran: Der Prophet (Musikbuch), 2005, Maraton Records GmbH*
* *Khalil Gibran: Gekreuzigt – eine illustrierte Parabel, 2011, BoD (mit vielen Illustrationen Gibrans ausgestattet)*
* *Jean-Pierre Dahdah: Khalil Gibran – eine Biographie, 1997, Walter-Verlag*

Spagyrik, Psychologie, Quantenphysik u.a.:

* *Hans-Josef Fritschi: Die Kraft des Phönix, 5. Auflage, 2014, BoD*
* *Clemens Zerling: Lexikon der Pflanzensymbolik, 2007, AT Verlag*
* *Hans-Peter Dürr: Geist, Kosmos und Physik – Gedanken über die Einheit des Lebens, 2010, Crotona-Verlag*
* *Ingo Kitzelmann: Neue Wege in der Psychologie – Die zweite Wirklichkeit, 2011, novum publishing*
* *Natalie Knapp: Der Quantensprung des Denkens – Was wir von der modernen Physik lernen können, 2011, Rowohlt-Verlag*
* *Harald Walach: Spiritualität – Warum wir die Aufklärung weiterführen müssen, 2015, Drachen-Verlag*
* *Gerhard M. Walch: Wandlungen des Bewusstseins – Erich Neumanns Tiefenpsychologie der Kultur, 2010, opus magnum*

Weitere Bücher von Hans-Josef Fritschi

Pflanzen-Spagyrik
Lehr- und Arbeitsbuch, Co-Autor:
Manfred Meier, 372 Seiten, Natura-
Drogerien AG, € 69,80, CHF 79,80

Dieses umfassende Grundlagenwerk führt in Idee, Philosophie und Wirkmodell der Therapie mit spagyrischen Pflanzenessenzen ein. Es enthält die Arzneimittelbilder von 140 Essenzen von Absinthium bis Zingiber, jeweils unterteilt in ein körperliches und ein seelisch-geistiges Wirkprofil. Das Buch gibt detaillierte Hinweise zur praktischen Anwendung und verfügt über ein Register von rund 1200 Indikationen, Modalitäten und Symptomen.

Mineral-Spagyrik
Lehr- und Arbeitsbuch, Co-Autor:
Manfred Meier, 152 Seiten, Natura-
Drogerien AG, € 49,80, CHF 59,90

Mit der Mineral-Spagyrik eröffnen sich neue Wege in der Mineralstofftherapie, indem sie nicht am Mangel einer Substanz ansetzt sondern an deren Energiedefizit. Dieses Buch ist das derzeit einzige Werk zur Arbeit mit spagyrischen Mineralessenzen Es enthält 38 Arzneimittelbilder von Aqua maris bis Zincum chloratum. Das Buch beschreibt das theoretische Wirkmodell und gibt Anwendungsrichtlinien für die Therapie. Damit können sich Fachpersonen und interessierte Laien eingehend in diese Behandlungsmethode einarbeiten und sie sicher anwenden.

Degriesch

Die Reise zur Quelle der Weisheit,
114 Seiten, € 14,90, Verlagsallianz,
erhältlich bei: www.verlagsallianz.de

*Ein Wanderer gelangt auf seiner Reise in
einen Wald, in dem er auf eine eigenarti-
ge Frau trifft, die hier als Einsiedlerin lebt.
Im Gespräch erfährt er, dass in diesem
Wald die Quelle der Weisheit zu finden
sei. Neugierig fragt der Wanderer nach
jenem geheimnisvollen Ort. Da wird er
von der Frau eingeladen, sich mit ihr auf
den Weg dorthin zu machen ...*

Nur eine Handvoll Narrheit

Wunderliche Geschichten zum Nach-
denken, 144 Seiten, € 11,50,
Verlagsallianz, erhältlich bei:
www.verlagsallianz.de

*Dieses Buch ist eine Sammlung von Para-
beln, Märchen und Erzählungen, die das
Hilfreiche einer „närrischen Sichtweise"
auch in ernsten Lebenssituationen darstel-
len. „Narrheit" wird dabei nicht als fröhli-
che Ausgelassenheit betrachtet, sondern
als eine besondere Form der „Andersartig-
keit", aus der Lebensweisheit spricht. Die
Texte sollen dazu anregen, unser her-
kömmliches Denken, Fühlen und Handeln
zu hinterfragen, um auch dann, wenn
einem „nicht zum Lachen ist", ein inneres
Lächeln zu bewahren.*

Der Mensch in all seiner Klugheit kann nicht verstehen, was der Regen spricht, wenn er auf die Blätter in den Bäumen fällt. Er weiß nicht, was die sanften Winde den Blüten erzählen. Aber das Herz des Menschen vermag es, die Bedeutung dieser Stimmen zu erfühlen und zu begreifen. Die ewige Weisheit spricht oft eine geheimnisvolle Sprache. In ihr unterhalten sich Seele und Natur. Der Mensch aber steht dabei, sprachlos und staunend.

Khalil Gibran